U0943137

郝铁川，华东师范大学史学博士，中国社会科学院法学系博士后。现任上海市文史研究馆馆长，华东政法大学教授、博士生导师，复旦大学法学院、山东大学法学院、杭州师范大学法学院、中国计量大学法学院等兼职教授。曾任华东政法学院副院长、《法学》杂志总编、中国法律思想史学会会长、中国比较法学会副会长等，享受国务院政府特殊津贴。从事法制史、法理学、宪法学和行政法学研究，主要代表作有《中华法系研究》、《儒家思想与当代中国法治》、《秩序与渐进——中国社会主义初级阶段依法治国研究报告》、《国家拐点》、《中国依法治国的难点、重点和特点》等，在《中国社会科学》、《法学研究》、《中国法学》等杂志发表学术论文百余篇，获省部级以上奖项十余项。

Rule of law

法治随想录

法治如何变革中国

郝铁川　著

中国法制出版社
CHINA LEGAL PUBLISHING HOUSE

图书在版编目 (CIP) 数据

法治随想录 / 郝铁川著 . — 北京：中国法制出版社，2016.6
ISBN 978-7-5093-7590-7

Ⅰ. ①法… Ⅱ. ①郝… Ⅲ. ①法学－文集 Ⅳ. ① D90-53

中国版本图书馆 CIP 数据核字（2016）第 127493 号

责任编辑：胡 艺（ngaihu@gmail.com） 封面设计：汪要军

法治随想录

FAZHI SUIXIANGLU

著者 / 郝铁川

经销 / 新华书店

印刷 / 三河市紫恒印装有限公司

开本 / 880 毫米 ×1230 毫米 32 开 印张 / 10 字数 / 308 千

版次 / 2016 年 10 月第 1 版 2016 年 10 月第 1 次印刷

中国法制出版社出版

书号 ISBN 978-7-5093-7590-7 定价：39.80 元

值班电话：010-66026508

北京西单横二条 2 号 邮政编码 100031 传真：010-66031119

网址：http://www.zgfzs.com 编辑部电话：010-66034985

市场营销部电话：010-66033393 邮购部电话：010-66033288

（如有印装质量问题，请与本社编务印务管理部联系调换。电话：010-66032926）

努力做一个法学通家（代序）

郝铁川

早在上个世纪40年代，担任中国比较法学学会会长、刑法学会会长、国际刑法学会副会长、国际统一刑法学会副会长、国际比较法学会理事、国际行政法学会理事等职务的杨兆龙教授，在《新法学》月刊1948年第1期上发表了《法学界的贫乏》一文，分析当时的法学界存在严重的营养不良、精神萎靡的衰弱症，主要表现为以下五个方面：

一是法学内容的陈腐。很多法学界人士抱残守缺，不喜欢吸收新知识、研究新问题。有许多在别的国家早已被人怀疑或放弃的制度或理论，他们仍旧奉为圭臬；有许多在别的国家早已成为问题的问题，他们却看得很简单。例如，陪审制度无论在英美或大陆试验的结果，都很难令人满意，英美大陆各国都在逐渐放弃这种制度，可在我国还有人竭力主张予以采取；国内法上的罪刑法定主义不适用于国际法上的犯罪行为，纽伦堡战争罪犯的裁判即为明显事例，可国内有人在起草战争罪犯审判条例时竟然还主张将罪刑法定主义原则作为处罚战犯的标准。

二是法学研究范围狭窄。中国学法律的人最容易犯两种毛病：（1）对于与法学有关的非法学科目缺乏必要的了解。经济学、社会学、心理学、政治学、历史学、哲学、伦理学等与法学都有密切的关系，由于时间与精力的限制，我们当然不能希望个个学法之士对于这些科目都有相当研究，但一个专业的法学家至少应该对与他的法律专业有关的几种科目有适度的认识。例如，教公司法的人至少要对于经济组织有相当研究；教票据法的人至少要对于银行界、工商界运用票据的情况有相当认识；教海商法的人至少要能了解航业界及海上运输的实况，不然他们对于所教法律之立法政策及其规定之得失，便不会知道得很清楚。但在我们所知道的法学教员中能够符合这一条件的人并不多见。（2）对于法学科目仅有局部的研究。法律的分门别类，本为研究之方便，并不是彼此间有何严格的界限存在而各自独立。学法之人应该对于整套法律有全面的认识，可近来一般法学专家有只懂公法而不懂私法者，有只懂私法而不懂公法者，有只懂刑法而不懂民法者，有只懂民法而不懂刑法者，有只懂民法而不懂商事法者，有只懂商事法而不懂民法者，有懂国内法而从未学过国际法者，有终生致力于法学的教学工作而未尝一窥法理学或国际私法之门径者。这些法学专家对于法学的认识真担当得起“管窥蠡测”四个字。

三是机械地看待法律，而不顾法律的目的。立法者只是制定法律，法官只是审理法律，而对法律的宗旨是否实现、法律实施的情形及其对人民生活的实际影响却不过问。例如，现代刑法的宗旨侧重于对犯人的感化与改造，但民国刑法中适用短期自由刑的罪名非常多，经法官判处不满6个月之短期自由刑的犯人约占全体处自由刑者60%以上。试问：一个经父兄师长多年教育而不能改善的犯人在短短的不满6个月的监禁期间会受感化而痛改前非吗？经验告诉我们这是不可能的，并且这种措施反而会使多数犯人由偶犯变成职业犯、习惯犯。

四是法律见解的肤浅。许多法律学者对许多法律问题浅尝辄止。例如，坊间流行的“六法全书”之称传自日本，系指宪法、民法、商法、刑法、民诉法、刑诉法。但这种称呼目前在日本已嫌名不副实，因为所谓“六法全书”所包括者已远超上述六种法令之范围，名为“六法”而实有“法令全书”的意味。中国有些学者不察，竟将“六法“之称奉为天经地义，不问中国有无六法或书中所保罗者是否多于六法，概以“六法”名之。民国连宪法在内也仅有五法。西方各国法令汇编也不一定称“六法”。

五是创新能力薄弱。许多法学家很容易信赖、模仿国外，对某种制度是否合乎国情，往往辨别不清，遇到新问题时也时常束手无策。

杨兆龙认为，上述五种毛病的根源可归纳为三类：第一，法学者本身之缺点：自满；保守；脱离社会生活；忽视法律学理的研究；不讲法律制度的功能。第二，法律教育之落后：教育当局轻视法律教育；法律教育课程设置不合时宜；法律图书设备简陋；法律教学方法缺乏改进；法律研究工作未有切实展开。第三，社会环境不好：

一般人不重法；一般人不尊重专家，尤其是法律专家。正是因为法学者自满保守、脱离生活实际，所以法学的内容才陈腐，研究的内容才肤浅；因为法学者忽视法律学理的研究及不讲法律制度的宗旨，立法、执法和司法才机械，缺乏适应性和创造性；因为法律教育落后，法学家才有种种缺点；因为一般人不重法治与轻视法律专家，有许多问题才不被重视或不依正当途径解决，使法治法学失去权威，没有多少人去潜心研究。

上个世纪90年代我在担任《法学》杂志总编时，感到杨先生几十年前发表的这篇大作仍有现实意义，他所批评的法学界的贫乏现象并未消失。于是，我就把它在《法学》杂志重新发表，还撰文把学界当时的论著分为深入浅出、深入深出、浅入浅出、浅入深出四类。第一类当然是好的，但较为少见；第二类或者是食古不化，或者是食洋不化，没有融会贯通；第三类是实实在在的肤浅，但不做作；第四类则是学风不正、故弄玄虚的骗子。

杨先生的大作更进一步坚定了我的学术研究目标：努力做一个“古今通、中外通、交叉通、名实通”的法学通家。

所谓“古今通”，就是要要打通中华法系到今日中国依法治国的隧道，寻求中国法治的历史脉络。根据我多年讲授中国法制史的体会，我撰写了《中华法系研究》一书；根据我多年借着到全国各地进行普法之机而进行的调研，我撰写了《秩序与渐进——中国社会主义初级阶段依法治国的研究报告》。

所谓“中外通”，就是要进行中国和西欧法治的比较研究，通过比较，试图弄清楚中国和西欧的法治究竟是一种文明类型的差异，还是一种发展阶段的差异。即便是“条条大道通罗马”，那也不是“一条大道通罗马”。而且，西欧的历史在世界范围才是特殊的，希腊罗马那样的奴隶制社会，在其他地方找不到；西欧中世纪采邑分封制、城市制度和教权、王权二元并立制度，在其他地方找不到；西欧资本主义社会从封建母体里正常地“十月怀胎，一朝分娩”的道路，在其他地方也很难找到。正是因为如此，近代复制西欧模式的发展中国家，能够富强起来、跻身于发达国家的成功者甚少。为了做好比较研究，我和其他四位同事撰写了《中西法律比较通论》一书，一直为研究生开设比较法研究课程。

所谓“交叉通”，就是打通法学与其紧密相关的经济学、政治学、宗教学、伦理学、历史学等隧道。我原来习史出身，历史学综合性较强，本身就包括经济史、法制史、政治史、宗教史等专题历史，加上工作实践中必须熟悉一些经济数据、经济走势，处理一些民族宗教方面的社会纠纷，常常要带着现实问题去阅读有关学科的基本理论，这就为认识一些法治问题提供了方便。

所谓“名实通”，这里的“名”指理论，“实”指实际。“名实通”就是强调要从实践中提升理论。西方法学总体上给人一种重视逻辑假设、忽略历史论证的感觉，比如社会契约论是一种假设，“人生而平等”也是一种假设（民法的权利能力概念与此类似），但这些缺乏实证。因此，我觉得我们应该借鉴史学家“通古今之变，究天人之际”“持之有故、言之成理”“辨章学术，考镜源流”的研究精神，把历史和逻辑相统一，对那些不能被历史证明的逻辑假设，虽不能轻易否定，但也不能盲目推崇，只能把它视为一种理念，而非历史事实。从实践中提升理论，比逻辑推理更可靠一些。比如，我在上个世纪90年代根据改革实践提炼出来的“良性违宪”观点，虽然反对者甚多，但却抹杀不了这一客观现象，因此不断地提起它、思考它。

因为追求上述“四通”，所以平日里围绕“四通”就思考了不少问题，并把它们以随笔的形式记录下来。这样的随笔已出了三本（《法治随想录》、《法律是一种生活艺术》、《法治沉思录》），这是第四本。第一本就是由中国法制出版社出版的，责任编辑是李仕春先生。这一本先是由刘峰先生来联系，后来他高就台海出版社，胡艺女士接手，她提出了分门别类的建议，还亲自为每篇拟出小标题，其认真敬业和才华横溢，给我留下很深的印象。

我觉得学者的使命不外乎是贡献学术和思想，后者可能更重要。而随笔是一种方便记录思想碎片的载体，所以我宁可少写一些学术性较强的论文，也要坚持多写一些火花似的随笔。

二〇一六年八月于沪上

目 录

第一辑　我们能从西方学到什么

第二辑　中国法律智慧从何处来

第三辑 中国法治该往何处去

第一辑

我们能从西方学到什么

尊重
宽容比自由更重要

宽容比自由更重要！这宽容来源于对每个人权利的尊重：我虽然不赞成你的观点，但我坚决捍卫你发表观点的权利；我虽然不支持你的行动，但我坚决维护你合法行动的自由！

1874年11月30日的夜晚，伦敦的布伦海姆宫灯火辉煌，一群贵族男女在这里翩翩起舞。突然，一位活泼、美丽的贵族夫人连声叫喊肚子疼痛，人们赶快把她扶到就近的一个临时女更衣室。温斯顿·丘吉尔——一个早产儿，就这样非同寻常地来到人间。

丘吉尔是英国显赫的贵族公爵马尔巴罗家族的后代。英国除了王室以外，公爵家庭总共不超过20个，马尔巴罗家族按封爵次序名列其中第十位。丘吉尔的母亲詹妮是美国百万富翁杰罗姆的女儿，1873年与丘吉尔的父亲伦道夫结婚，1895年1月24日伦道夫因病医治无效，溘然离世，终年46岁。这时的詹妮虽已40岁，但依然美艳惊人，风姿绰约。不久，她便萌生了嫁给一个25岁男人的想法。然而消息一经传出，立刻遭到众多亲友的反对。就在詹妮几乎要放弃了的时候，詹妮25岁的儿子，与母亲要嫁之人同岁的丘吉尔，坚决地握住她的双手："亲爱的母亲，就算全世界都反对您，我也会勇敢地站在您这边，所以，请您也一定要勇敢。"儿子坚毅、鼓励的目光，让詹妮义无反顾地披上了洁白的婚纱。但这桩婚姻并没有维持多久。10多年过去了，詹妮的儿子丘吉尔已经凭借卓越的才能跻身政坛。60岁的詹妮也要再次迎来婚礼。这次的决定同样遭到众人强烈的反对，尤其是儿子的那些反对派们。詹妮犹豫了。这次与上次不同，丘吉尔打小就怀有雄心壮志，并且具备实现远大理想的能力。她不想因为自己耽误儿子的前程。然而，令她意想不到的是，儿子又一次握住了她的手：如果让我在我的仕途与您的幸福之间作选择，我心甘情愿的选择后者。请您不要再有任何顾虑。母亲幸福，我才幸福。詹妮又一次无比快乐地迈入了婚姻的殿堂。婚礼上，儿子依然像上次一样，坚强地站在她的身边，而另一边则是比儿子还要年轻的36岁的新郎。能够两次接受母亲的婚姻，也许很多人都做不到。而面对沉重的压力，丘吉尔两次接受和自己年龄差不多的人作自己的继父，这需要多么豁达的胸怀。

1908年8月15日，伦敦报纸登载了一条引人注目的消息：33岁的内阁贸易大臣温斯顿·丘吉尔先生与23岁的克莱门蒂娜霍齐娅小姐订婚。举行婚礼的这一天热闹非凡，宾朋满座，欢歌笑语。证婚人是财政大臣劳合乔治，而他选择的男傧相却是他在下院的一个坚决反对者——休赛西尔勋爵。当时丘吉尔推行一系列争取工人拥护的社会改革，包括休赛西尔勋爵在内的贵族集团坚决反对这些改革。这里反映了英国政治生活中的一个很有意思的特点：人们可以在下院和政治集会上相互咒骂，如同仇敌，但在个人生活中却能成为亲朋好友，相敬无间。在政治生活中虽然是公敌，却不妨碍他们在私人生活中称兄道弟。恩格斯在《在马克思墓前的讲话》中也这样说过："马克思是当代最遭嫉恨和最受污蔑的人……而我敢大胆地说：它可能有过许多敌人，但未必有一个私敌。"西方近代的这种文化现象是多么的耐人寻味。

宽容比自由更重要！这宽容来源于对每个人权利的尊重：我虽然不赞成你的观点，但我坚决捍卫你发表观点的权利；我虽然不支持你的行动，但我坚决维护你合法行动的自由！

良心
追求情、理、法的统一

法律是普通人的良心，只要秉持这一理念，任何人都会注意平衡情、理、法之差别，实现法律与生活之和谐的。

在迄今为止的四十四位美国总统中，约有三分之二进入政界的时候是律师。第十六任总统亚伯拉罕·林肯就是其中之一。由于家庭贫寒，他不曾进过法学院接受正规的专业训练，而是通过自学法律，于1836年5月经过考试而取得律师资格的。虽未进过高等学府，但他在社会这所大学里饱经风霜，打过短工，当过水手、店员、乡村邮递员、土地测量员、伐木工，等等。这丰富的阅历和底层生活的磨难，使他在律师生涯中把良知置于法律之上，将道义悬于金钱之顶，追求情、理、法的统一。

当大多数律师都避免为黑人们辩护的时候，林肯却不顾一些人的不满，一次又一次地为黑人担任辩护律师。有一个自由的黑人妇女的儿子，作为水手随一艘轮船到了新奥尔良。在那里因为没有证件表明他是自由黑人而被抓了起来，轮船也弃他而去，孤立无助的他便被非法地当成奴隶去做苦力。他的母亲找到了林肯，求他相助。为此林肯拜谒了四个州的州长，却无一人愿意过问此事，都怕替一个黑人讲话而丢掉乌纱帽。于是林肯组织了一次募捐，把筹集到的钱寄给了南方的一位朋友，让他赎出了那个小伙子，使他回到了母亲身边。

对曾经伤害过他的人，林肯也能公正地维护他的合法权益。有一个案件，原告与被告都出身名门，两家是世交并有亲戚关系。由于政见分歧，在争论中被告杀死了原告。林肯担任了被告的辩护律师。被告的爷爷 20 年前曾在林肯竞选州议员时，以林肯不是基督徒为由而攻击过他。但现在，当这位老人出现在法庭给孙子作证时，已是两鬓花白，步履蹒跚了。林肯以平缓的语调向这位宿敌询问了被告过去的经历、习惯及爱好，直到确信这次询问会有利于被告为止。最后，被告无罪释放。

对于过去的患难之交，林肯更能不计报酬地维护当事人的合法权益。一天，林肯在报纸上读到一个小地方发生了一场斗殴，两个年轻人在一次庆祝活动后杀了人。其中一个被以故意杀人罪起诉，判了死刑，但另一个被捕后死不认罪。这个年轻人姓阿姆斯特朗。他的父亲是林肯早年的朋友，当年他作为一个 20 岁的船夫在一个拳击场上打倒了强壮的汉子，几乎所有的观众都对他嗤之以鼻，可那个被他击败的人却赞扬他的力气和技巧，于是他们成了朋友。如今老朋友去世了，剩下孤儿寡母，林肯决定为被告免费辩护。

法庭审理时，证人发誓说，他非常清楚地看到了被告一锤砸在死者的脑袋上。林肯问道：“在夜里 11 点的森林里怎么会看得那么清楚？”证人说：“我是借着月光才看清的。”林肯让助手取来一本历书，向陪审团表明事发的那天晚上，根本不会出现月亮。在一片黑暗中，证人怎么能从二三十米的远处看清别人的举动呢？显然这是作伪证！在一片责备声中，证人羞愧难当，踉踉跄跄地逃出了大厅。被告当庭被无罪释放。

对那些不义之财，林肯毫不动心。一次，一个很有钱的人请林肯为他代理诉讼。林肯听了他的陈述，发现他是在诬陷好人，于是就拒绝了。那个人说：“只要我胜诉，您要多少报酬都可以。”林肯严肃地回答：“如果使用一点点辩护技巧，您的案子也可能会胜诉，但这不符合公平正义。假如我接了您的案子，站在法庭上讲话时，我会情不自禁地对自己说：‘林肯，你在撒谎。’谎话只有在丢掉良心时才能说出口，我不能丢掉良心，也不可能说出假话。所以，请您另请高明吧！”那个人听后，垂头丧气地离开了林肯的办公室。

当然，如果富人的正当利益受到损害，林肯也会尽力维护。一次，一个富人用手杖打伤了别人，遭到起诉。原告索赔一万美元，林肯受托为富人被告辩护。原告的律师将穷人的老实巴交和富人的盛气凌人加以比较，大加渲染，使法庭上下都为之动情。这时，林肯缓缓地站了起来，脱下外衣准备辩护。他拿起摆在他面前的起诉书，好像要仔细地检查一遍，然后对着它笑起来。人们感到莫名其妙，于是整个法庭笑成一片。这时那位原告律师起身向众人道歉。原来，起诉书上写得很清楚，原告索赔 1000 美元，但后来看到被告的财产不薄，于是临时加上了9000美元，与起诉书上的主张严重不符。林肯以滑稽幽默的方式让法庭作出了赔偿原告几百美元的判决。

常有论者说，追求情、理、法之统一是中国古代清官办案的一个特点，其实不然。法律是普通人的良心，只要秉持这一理念，任何人都会注意平衡情、理、法之差别，实现法律与生活之和谐的。

人权
莫忘法治的终极关怀

有人把秩序当作法律的终极关怀，有人把惩恶扬善作为法律的终极关怀。而在我看来，人权则应成为法治的终极关怀。

终极关怀原是哲学领域对人类如何超越生死问题的一种价值思考。法律领域的终极关怀，是指贯穿立法、执法、司法、守法等一切法律活动的根本价值。有人把秩序当作法律的终极关怀，有人把惩恶扬善作为法律的终极关怀。而在我看来，人权则应成为法律的终极关怀。忘记了这一点，法律就会变色，人就会变质。坚持了这一点，就会超越法律自身的局限，为人类的自由和幸福谱写壮丽的篇章。

在南北战争期间，林肯的主要对手——“南方联邦”总统戴维斯，副总统斯蒂芬斯，南方军队总司令罗伯特·李等，这些人的品德操守和法律知识也许是无可挑剔的，但最终他们输给林肯的，就是对人权第一的法律理念的遗忘或背叛。

戴维斯年轻的时候，就因其英俊的外表而闻名，就像林肯年轻时即因丑陋而远近皆知一样。他是一个奴仆成群的南方奴隶主，他主持制定了南方叛乱者的宪法，人们公认他能够严格遵守他所制定的宪法。但这是一部否定人生而平等、誓死实行奴隶制的宪法。早在开战的12年前，戴维斯就曾在国会会议上对北方的代表大喊："即使奴隶制是不合理的，那也不关你们的事！"

斯蒂芬斯和林肯在众议院共过事，他在一次演说中反对美国对墨西哥发起战争，他说：自由的人们过早地忘记了他们的原则，过快地受到了权力的诱惑而不能自拔。坐在台下的林肯闻此不由热泪盈眶，二人结成好友。但斯蒂芬斯对南方家乡的热爱超过了对平等的追求，他公开说："黑人与白人之间根本没有平等可言。"他忘记了当年抨击美国侵略墨西哥的话。

罗伯特·李更是一个理智被桑梓之情埋葬的人。他是开国之父华盛顿的孙女婿，人们很难想象作为南方叛军总司令的他，竟是一个废奴主义者。他曾写道："在任何一个州，奴隶制都是道德上和政治上的一种罪恶。"他也反对南方独立，在给儿子的信中写道："我所设想到的灾难莫过于联邦的瓦解，因为这意味着所有罪恶的集结。"单看他的这些观点，那和林肯是多么的切合，以至于林肯在寻找镇压南方叛乱的北方军队统帅人选时，第一个找到了他！你还难以想象，作为南方叛军统帅的他，竟在内战期间的1862年，按照岳父的遗嘱，释放了所有家中的奴隶，并亲自为他们签发了通行证，让他们越过防线去投奔北方。在他眼里，南方故乡的奴隶制是应该废除了，南方故乡闹独立也是不对的，但合众国本来就是原来十三个殖民地自愿组合而成的，既有组合的自由，也应有退出的自由，北方无权动用军队攻打宣告独立的南方。表面看来，他是在捍卫家乡的自由，但他根本不知道，家乡的自由不能以牺牲奴隶的自由为代价，自己的幸福不能建立在别人的痛苦之上。

联邦最高法院首席大法官坎尼虽然和林肯没有正面发生过冲突，但他于 1857 年对斯科特诉桑弗特案的判决，却在客观上堵塞了林肯试图以和平手段解决南方奴隶制问题的道路，对南北战争的爆发起到了推波助澜的恶劣作用。斯科特是一个黑奴，在白人废奴组织的帮助下，他向密苏里州法院起诉桑弗特，要求获得自由。首席大法官坎尼亲自撰写了此案的判决书，提出：按照当时美国宪法的规定，奴隶不是一个完整的美国公民（只相当于一个公民的五分之三），是奴隶主的财产，根本无权起诉别人；州权至上，决定奴隶制存废的权力归属各州，联邦无权干预。林肯本来想用限制蓄奴州扩张和国家出资赎回奴隶的渐进方式解决奴隶制问题，但坎尼的这一判决，从宪法的角度斩断了林肯的计划。令人颇感意外的是，坎尼早已无偿释放了他名下的全部奴隶，而且曾资助过那些获得自由后因年高体弱而难以自理的奴隶。坎尼作出那样的判决，完全是从当时美国宪法的本义出发的。他不愿正视美国宪法中“人人生而平等”的立宪指导思想与维护奴隶制的冲突问题，更没有运用“恶法非法”的自然法理念，去否定那些不合时宜的维护奴隶制的宪法条款。

南北战争时期林肯的那些政敌们，或者被一种对家乡的糊涂的爱所冲昏头脑，或者拘泥于不合时宜的宪法条文，拒绝与时俱进；

或者把平等与自由相割裂，只承认蓄奴州的自由，而不顾更为重要的人生而平等原则。归根结底，他们忘记了人权第一的最高法治原则。当你的家乡践踏人权时，你不能因对故土的热爱而助纣为虐；当宪法的某些条文已被证明是践踏人权时，你不能成为“恶法亦法”的“法呆子”；当一部分人的自由需以牺牲另一部分无辜的人们的自由为代价时，你不能被自由一叶障目，而应唱响人人生而平等，才能人人自由的主旋律。人权，就是每个人都有做人的权利，实现做人的尊严。即便他是罪犯，法律也要保护他未被依法剥夺的剩余权利；即便他们只是这个社会的少数人，但多数人也无权剥夺他们做人的资格和做出有损他们尊严的事情。人权的尊重与否，是文明与野蛮的分水岭，人与非人的试金石。

坚冰
和“不可接触者”接触

并非“贱民”出身的甘地，却成为印度有史以来第一个倡导废除“不可接触”制度的先行者，其英名与美国解放黑奴的林肯一样，永载人类自由、平等和人道主义的史册！

“不可接触者”，又称“贱民”，是处于印度种姓制度中的四个等级之外的一个阶层，约占 20 世纪初叶印度人口的四分之一。最早的“不可接触者”，是第四等级首陀罗中那些从事屠宰、制革、埋葬、清扫等被认为是最不洁净的人，因此他们也就被视为不洁者，不能与非贱民住在一个村里，不能去公共水井汲水，不能在公共道路上行走，不能仰头正视非贱民。

甘地对“不可接触”制度深恶痛绝，认为它是印度社会的一大痼疾。早年他在英国拿到了律师资格证书后，在国内执业不理想，便赴南非谋生。在那里他看到并受到了苛刻的种族歧视。所有的印度移民都要交纳三英镑的人头税；他们不得拥有私有土地，更无选举权；不得在公共的人行道上行走，如果没有特别通行证，不得在晚上九点以后出门；不得和白人同坐一辆马车；不得乘坐头等和二等车厢。甘地自己就有买了头等车厢的车票却被警察和其他南非乘客强制驱赶到三等车厢的遭遇。为此，他曾在南非领导了长达 21 年的反对种族歧视的斗争，成为著名的印度首领，“圣雄”（最有智慧）的誉称就是在这时获得的。由此及彼，甘地联想到了印度的“不可接触”制度：“印度教徒自认为是雅利安人，即文明的人，而把自己的一部分同胞当作非雅利安人，即‘不可接触者’。结果，不但在南非的印度教徒遭受一种奇异的、不公平的报复，就连穆斯林和波希人也受到同样的歧视，因为他们属于同一个国家，同他们的印度教兄弟有着同样的肤色。”在深信印度教因果报应教义的甘地看来，凡是不能平等对待别人的，也无法让别人平等对待自己。搬起种族歧视的石头，最终还是砸了歧视者自己的脚。因此，甘地从南非回国后，便决定寻机发起一场废除“不可接触”制度、解救贱民的社会宗教改革运动。

1915 年 5 月，甘地在阿赫梅达巴建立了非暴力抵抗学院。不久，他便收到一位老朋友的来信，询问：“有一个‘不可接触’家庭希望进入你们的学院，你们肯接受他们吗？”甘地立即回信表示欢迎。于是，这个“不可接触者”一家四口就来到了学院。然而，麻烦事很快就来了。第一件是井水的使用问题。学院使用的那口水井归房东所有，并由他派人管理。管理水井的人借口学院的吊桶滴出来的水会玷污他，于是便破口大骂学院，侮辱“不可接触者”。甘地吩咐大家不要还口，依旧去打水。管理水井的人后来自感惭愧，就不再难为学院了。第二件是因为学院接纳了“不可接触者”，社会各界便停止了对他们的金钱援助。甘地坚定不移，表示如果最后在这里办不下去的话，就干脆把学院搬到贱民区。经过一个时期，社会上对甘地的做法理解和支持的人愈来愈多，学院的日常开支甚至得到了一些正统的印度教徒的援助。

1932 年 8 月 17 日，英国首相麦克唐纳推出了印度的所谓“宪制”方案，决定为贱民设立单独的选举区，要把贱民与社会隔绝的陋习进一步制度化。这遭到了尚在狱中的甘地的强烈反对。第二天，他就对外宣布绝食，直到英方撤销这一规定。甘地的果敢行为震撼了印度社会。诗人泰戈尔致函表示：“我们忧伤的心，带着我们的崇敬，与你崇高的自我牺牲精神同在！”社会各界在甘地的感召下也开始反思、谴责歧视贱民的陋习和制度。英方只好宣布撤销这项决定。全印度的宗教领袖也达成了一项协议，取消印度教中所谓“贱民”的等级划分。

1933 年 5 月，甘地出狱后，还耗时将近一年，行走 12500 英里，募得基金 80 万卢比，用以解救贱民。

尽管单凭甘地的奔走呼号，尚不足以荡涤“不可接触”制度的污泥浊水，然而，由于他的不懈奋斗，坚冰毕竟已被打破，航道已被开通。印度独立后，遵照甘地的遗愿，宪法明确宣布废除贱民制，刑法明确规定对原贱民的任何歧视行为都是犯罪行为。

并非“贱民”出身的甘地，却成为印度有史以来第一个倡导废除“不可接触”制的先行者，其英名与美国解放黑奴的林肯一样，永载人类自由、平等和人道主义的史册！

知识
理论的缺席

克伦威尔是一个革命的经验主义者，是一个缺乏理论指引、一切跟着感觉走的革命家。克伦威尔缺乏理论指导，是因为他同时代的思想家没有给他提供如何构筑新的国家机器的理论和方案。

每每掩上沉甸甸的史册，谈起英国资产阶级革命的主角之一克伦威尔时，大家总是感到他的面庞是那样模糊：

说他是一个革命战士吧，他却一生三次解散英国革命的策源地——议会。第一次是解散“长期议会”。1653 年 4 月 20 日，克伦威尔来到正在开会的议会大厅，打断议程，斥责这个人是骗子，那个人生活堕落；这个人是不公正的法官，那个人失职。他越讲越激动，甚为蛮横地说道：“你们也许认为我讲的话不是议会里用的语言，我也承认的确不是。但你们休想从我这儿听到任何议会语言，你们不是议会，我要解除你们的职务。”第二次是解散“小议会”。

这次他没有亲自出马。而是由他的一帮亲信劝说议员主动辞职，不愿辞职的议员则被士兵赶出议会。第三次是克伦威尔紧急召集议会，责骂道："在你们开会的日子里，国家看起来比以前更加走向混乱。""我认为现在是结束你们胡闹的最好时刻。我宣布解散这个议会。"

如果凭此说他不是一个革命战士吧，就会难以解释一系列的史实。例如，结束封建君主专制、把查理一世送上断头台的正是克伦威尔。当时议会曾以129∶83的票数通过决议，反对处死国王，是克伦威尔支持普莱德上校率兵闯进议会，把反对处死国王的议员统统赶走，由留下来的议员制定了审判国王的法令。处死查理一世的当天晚上，克伦威尔去看了国王的尸体。他掀起棺材盖，凝视国王苍白的脸庞许久，低声地说了句："残酷的必需。"再如，人们都说1688年的"光荣革命"确立了君主立宪制，但克伦威尔的护国公制可以说是英国从君主专制到君主立宪制的一个重要中间阶段。护国公并非独裁君主。把1658年议会通过的《请愿与建议书》与实行君主专制的都铎王朝和斯图亚特王朝比较，护国公虽然有权指定自己的继承人，但从制度层面上来说毕竟不再是世袭；议会有权独立组织自己的选举，而过去这一权力则在国王手里；议员也拥有不被政府除名的权利，而过去国王则可以赶走不喜欢的议员。

那么，克伦威尔究竟是个什么样的人物？我觉得他是一个革命的经验主义者，是一个缺乏理论指引、一切跟着感觉走的革命家。说他跟着感觉走，那么他的感觉是什么呢？一是他觉得革命之后一定要有一个稳定的政府，保持稳定的秩序，使经济正常发展，私人财产不受侵犯。克伦威尔的第二个感觉是，英国不能搞直接民主，人民在行使选举权之后，就不要再参与国家事务的管理，除非被选举人被判有罪，选民不能随意罢免被选举人。用法学的语言来说，人民和政府的关系不是委托关系，而是信托关系。委托出去的东西还可以收回，而信托出去的东西则不能收回。

跟着感觉走的人，一般做事都没有计划、缺乏远见。克伦威尔也是这样。例如，像审判国王这样大的事情，他到了开庭的那天还没有思考过审判的法律依据问题。当他从窗口看到国王即将被押进法庭时，脸一下子变得像墙壁一样的刷白，然后转身向全体审判委员问道："我的主人们，他来了！当国王质问我们凭什么对他审判时，我们该如何回答他呢？"一时间竟无一人应答。过了好大一会儿，才有一位说："就以议会的下议院和所有善良的英国人民的名义吧。"

克伦威尔缺乏理论指导，是因为他同时代的思想家没有给他提供如何构筑新的国家机器的方案。人们公认，直到 1689 年洛克《政府论》两篇的问世，英国资产阶级——新贵族才算有了自己成熟的建国理论体系，但这距克伦威尔去世已有 30 年之久了。

同时代的思想家们没有给克伦威尔提供理论指导，而他自己的农民出身和学识浅薄又使他创造不出自己的理论。克伦威尔没有拿到过大学毕业证书和学位。老师说他对思考不如对行动那么专心致志，厌倦学习生活，喜欢野外运动。他长期致力于经营父亲留给他的田产，保王党派报纸给他送了个"沼泽地勋爵"的绰号。由于农民天生保守，重经验，轻理论，加上没有受过很好的高等教育，克伦威尔缺乏理论兴趣，或者说没有理论造诣，也就不足为奇了；由于农民喜欢国家集权，克伦威尔走上护国公宝座也就绝非偶然。

正是由于出身与知识的局限，克伦威尔给人留下了一介武夫和土老帽的形象。

宗教

信仰自由，行为守法

多元的信仰自由是文明社会的重要标志，但任何自由都不是无边无际的，宗教的任务是帮助人们疏导非理性，实现心理的宁静，维护社会的和谐。宗教不能唆使人类自残，不能制造社会动荡，不能践踏法律。

从1529年到1828年的三百年间，除了克伦威尔之外，几乎所有的英国执政者对与自己不同的宗教派别都采取了镇压、歧视政策。亨利八世建立英国自己的国教，与罗马天主教廷决裂，把国内的天主教徒当成异端，关闭男女修道院718所，遣散僧侣、修女8000人，仅在其最后统治的8年中，被处火刑烧死的就有26人。爱德华六世沿用了亨利八世的这一政策。而接下来的玛丽女王则反其道而行之，通告全国恢复天主教信仰，重树罗马教皇的权威，把信仰国教的大批教士处以火刑，仅在她统治的最后4年里，就有300人被害，其中50名是妇女。连年已80岁的第一届国教大主教克兰默也被活活烧死。玛丽之后的伊丽莎白女王，又把玛丽的宗教政策全部废除，恢复国教，并对国内的天主教徒严加管束，同时对从国教徒中分化出来的清教徒开始防范和打击。接下来的17世纪斯图亚特王朝变本加厉地迫害清教徒，对具有自由思想的清教徒公开鞭打、黥刺面庞，挖去鼻子，割掉耳朵等，成为资产阶级—新贵族举旗造反的一个重要原因。

与前任不同的是，克伦威尔积极支持各个教派的信仰自由，但同时绝不允许他们在行为上违反法律。他说："观点不会伤害别人，只会伤害持有这种观点的人。我们的态度是，只要在社会上能够保持安静与和平，他们就可以享有思想和宗教的自由。"在克伦威尔看来，只有三种人不能得到法律保护：一是利用传教煽动暴乱的人；二是随意谩骂其他教派的人；三是信口雌黄、坑蒙拐骗的人。

当时的牧师队伍参差不齐，鱼龙混杂，克伦威尔颁布了"对公众的传教士进行审查"的法令，并成立了由世俗和宗教界人士组成的专门委员会来审查所有牧师候选人的资格，凡是符合"对上帝虔诚、具有圣洁的、无可挑剔的对话技能、广博的知识和演讲才能，能够胜任传播福音的人"，则给他们签发上岗证书，让他们享受政府的薪俸等补贴。没有获得证书的则不能享受国家津贴补助。为了体现对各个教派的兼容并包态度，委员会从不对候选人的教义理解进行测验。克伦威尔对这次整顿牧师队伍的效果非常满意。因为牧师队伍中容纳了长老派、独立派、浸礼会等不同教派的人。

属于保王党的圣公会的人，虽然得不到政府颁发的牧师证书，但只要他们没有在行动上对抗政府，克伦威尔则明令不要干涉他们非公开的宗教信仰活动。即使1655年保王分子进行了叛乱活动，但政府对圣公会教徒在伦敦集会、使用英国国教的礼拜仪式，也是视而不见。但每当发现他们在策划什么暴乱时，就会派士兵予以镇压。

对与罗马教廷具有渊源关系的天主教，克伦威尔也尽力想保护它的正常宗教活动。他向别人许诺过让天主教享有其他宗教享有的种种权利，但由于英国公众和议会对天主教极端仇视，克伦威尔的许诺最终没有兑现。

由于《圣经》里说了出卖耶稣的叛徒是犹大，犹太人又是犹大的后代，所以信奉基督教的人对犹太人有着根深蒂固的歧视心理。而克伦威尔秉持宗教多元、宽容理念，多次想接纳犹太人到英国定居。一位居住在荷兰的犹太学者写信给英国政府，请求准许犹太人到英国居住和经商，并同意他们自由地信奉他们的犹太教。克伦威尔本人同意这些请求，他召集了一个由牧师、商人和律师组成的委员会研究这个问题。而与会的牧师们仇视犹太人的宗教，商人们忧虑犹太人会抢了他们的生意，所以，最后只同意犹太人来英国定居和经商，不允许他们举行犹太教的礼仪活动。但在克伦威尔坚持下，同意了他们可以在私人屋内进行宗教活动。

信仰自由，行为守法，这是处理宗教问题的可取态度。宗教是非理性的呻吟，多元的信仰自由是文明社会的重要标志，但任何自由都不是无边无际的，宗教的任务是帮助人们疏导非理性，实现心理的宁静，维护社会的和谐。宗教不能唆使人类自残，不能制造社会动荡，不能践踏法律，让“恺撒的归恺撒，上帝的归上帝”吧！

观念

危机考验民族素质

（上）

危机往往引发恐慌，恐慌常常期盼安稳，安稳容易认可强权，强权则可能导致专制，这是人类几千年的历史舞台曾经反复展演的剧目。最为典型的事例就是20世纪初叶爆发的经济危机、法西斯主义恶潮和第二次世界大战的接踵而来。

从第一次世界大战结束到第二次世界大战的开始，西方资本主义国家都处于断断续续的经济危机之中。意大利1920年便爆发经济危机，持续达两年之久。虽然1923年—1929年意大利经济有所恢复，但好景不长，1929年—1933年的世界经济危机马上使意大利的对外贸易下降60%，国内贸易下降40%，工业生产下降50%，投资减少50%，失业人数则增加约250%。英、美、法1913年—1929年事实上也处于经济萧条时期，因为虽然这一时期三国的国民生产总值年均增长为 1.5%、3.1% 和 1.5%，但这三个国家的工资年均增长仅为 1.1%、2.2% 和 0.37%，这表明民众购买力非常疲软。1929 年—1933 年的世界经济危机使得三国雪上加霜，美国工业生产下降了 46.2%，英国下降了 16.5%，法国下降了 37.2%。日本早在 1927 年就爆发了金融危机。1929 年—1933 年的世界经济危机使日本工业生产下降 32.9%，农业生产下降 40%。德国在 1917 年经济已趋于恶化，虽然 1924 年—1928 年德国经济一度出现繁荣，但 1929 年爆发的世界经济危机很快就使德国经济凄凄惨惨。从 1929 年到 1932 年，整个德国生产下降了 40.6%，仅次于美国，占资本主义世界第二位。失业人数占全部劳动人数的 43.8%，加上其家属占德国总人数的四分之一。这些失业和无业人员在危机中走投无路，成为纳粹党煽动和争取的对象。如果没有从 1929 年底开始的经济大萧条及其对德国造成的灾难性影响，纳粹党也许会四分五裂并淡出人们的记忆。

与频频发生的经济危机相伴而来的就是法西斯主义的活跃。1919 年意大利、1919 年匈牙利、1919 年奥地利、1919 年罗马尼亚、1919 年德国、1923 年保加利亚、1923 年英国、1926 年波兰、1929 年芬兰、1930 年比利时、1931 年荷兰、1931 年丹麦、1933 年挪威、1933 年葡萄牙、1934 年西班牙、1925 年法国、1933 年瑞士、1933 年捷克等欧洲国家都出现了法西斯组织。二十世纪 30 年代日本社会上也出现了“爱国勤劳党”“血盟会”“国粹大众党”等法西斯团体。

虽然在 20 世纪二三十年代法西斯主义思潮到处泛滥，但在不同体制的国家和不同素质的民族那里，法西斯主义者的命运却是截然不同的。在资产阶级民主法治最为完备的美国，似乎就没有出现过法西斯主义思潮；在资产阶级民主历史悠久的英国，“法西斯联盟”在选举中一再失败，最后随着其头目莫里斯因违法被逮捕入狱宣告灭亡；在资产阶级民主制度几经波折幸存下来的法国，法西斯组织被犹太后裔、政府总理勃鲁姆当机立断地解散。除了德、意、日之外，其他法西斯组织或者不成气候，或者借助希特勒政权外力苟延残喘，或者只是昙花一现，只有德、意、日三国的法西斯势力较为长期地盘踞了政权，给本国乃至世界酿成了大祸。

为什么法西斯主义能够在这三个国家得手？毫无疑问，广泛的民意支持是法西斯政权建立和延续的重要基础。除了日本法西斯是通过自上而下途径上台之外，德国和意大利的法西斯都是通过自下而上途径上台的，即通过民众选举掌握议会多数拥有上台条件的。这一点在德国表现得尤为突出。在 1930 年 9 月的国会选举中，纳粹党共获 640.96 万选票，107 个议席，由最小的党一跃成为国会中仅次于社会民主党的第二大党。在 1932 年 7 月的国会选举中，纳粹党获得 230 个议席，成为国会中第一大党。这两次选举都是在希特勒上台之前进行的，是比较正常的选举，反映了当时的民意所向。从 1930 年起，纳粹党外围就形成了紧紧跟随的各个利益群体的社会组织：希特勒青年团、民族社会主义妇女团、民族社会主义机动车驾驶团、民族社会主义德意志大学生联盟、民族社会主义德意志大学教师联盟、民族社会主义德意志医生联盟、民族社会主义德国法学家联盟、民族社会主义教师联盟、民族社会主义德意志技术联盟、德意志劳动阵线、德国粮食总会、德国文化总会等。德国人民当年错误地选择了希特勒，这是一个永久的遗憾。

（下）

希特勒是用什么价值观念来获得德国民众支持的？一是用民族主义否定个体自由权利；二是用极权主义否定政治民主。

第一次世界大战结束后签订的《凡尔赛和约》使战败国德国丧失了八分之一国土，十分之一人口，它的全部殖民地和国外投资都被战胜国瓜分，还要向战胜国交付巨额战争赔款。为了羞辱德国，战胜国对签订《凡尔赛和约》的巴黎和会的时间、地点进行了精心选择。地点放在凡尔赛，时间是 1919 年 1 月 18 日，这正是 48 年前俾斯麦在凡尔赛宫为德意志帝国威廉一世举行加冕、宣告德意志帝国成立的日子。战胜国以此来嘲弄德国，使德国对战胜国产生了强烈的民族复仇心理。

法西斯在利用民族复仇情绪的同时，提出了放弃自由权利的要求。纳粹德国的宣传部长戈培尔公开声称，自由主义是法西斯主义的仇敌。不论在政治方面还是在经济方面，对自由主义都要采取坚决拒绝的态度。在政治领域，希特勒颁布法律停止实行宪法原来规定的公民享有人身、言论、出版、集会、结社、宗教信仰等基本权利。在经济领域，他制定法令对国家经济实施直接干预和全面控制。

除了用民族主义扼杀自由权利之外，希特勒还用极权主义体制否定政治民主制度。他制定了《消除人民和国家痛苦法》，规定了希特勒内阁有权违反宪法，不经国会同意就可以制定法律；他颁布了《关于帝国元首最高领袖的法令》，规定总统与总理职务合二为一，希特勒为终身国家元首，其继承人只能由希特勒本人指定；他制定了《联邦改造法》和《德国总督法》，废除联邦制，实行中央集权的单一制；他颁布了《关于国家和政党统一法》，规定了纳粹党是德国唯一的政党，确立了党国合一的体制。

“自由为体，民主为用”是现代社会政治文明的基石。像德意志这样一个优秀的民族怎么会推举专制独裁的希特勒呢？性格决定命运，经历锻造素质。德国从中世纪一路走来，既没有经过以意大利为中心的文艺复兴运动的洗礼，也没有经过前期以英国为中心、后期以法国为中心的启蒙思想运动的冲刷，走的是俾斯麦强人治国这种类型的道路，缺乏深厚的自由权利和民主意识。

14—17 世纪的欧洲文艺复兴是张扬人的主体意识的时代，是一个需要巨人而且产生了巨人的时代。在文学艺术方面，有诗人但丁、阿利格里、弗朗西斯·彼特拉克、乔叟等；作家薄伽丘、拉伯雷、莎士比亚等；画家乔奇、马萨乔、达·芬奇、米开朗基罗、拉斐尔·桑西、乔尔乔内、提香·维契利奥、丢勒等；科学家哥白尼、培根、哈维、开普勒、伽利略等；哲学家霍布斯、笛卡儿、斯宾诺莎、伊斯拉谟等；政治学家马基雅维利；法学家格老秀斯；空想社会主义思想家莫尔；教育家夸美纽斯；等等。但在这些极富思想解放和开拓精神的巨人中，除了画家丢勒和科学家开普勒之外，却鲜有德意志民族的儿女。

17—18 世纪的启蒙运动是欧洲继文艺复兴之后的第二次思想解放运动，其弘扬自由民主精神的力度远远超过文艺复兴运动。著名代表人物有弥尔顿、哈林顿、洛克、孟德斯鸠、伏尔泰、卢梭、狄德罗等。在这些启蒙思想家的行列中，也罕见德国人的身影。

观念比模式更重要，灵魂比躯体更关键。批判的武器和武器的批判同样不可缺少，人文素质与科学素质同样为一个民族所必需。“二战”前德国不可谓不重视教育，它是世界上第一个实施《义务教育法》的国家。但是，在当时德国的国民教育中，职业技术素质备受重视，自由、权利平等、民主等人文素质被严重忽略。希特勒就说过：劳动大众只需要面包和马戏，他们永远不会理解理想的意义。因此，在纳粹德国的高中，历史课主要讲授反犹主义、反自由主义等；地理课主要讲授德国人有权统治其他民族；“种族理论课”则讲授日耳曼民族的优越性。在大学，所有的教学内容都要突出宣传反犹主义和“生存空间”理论，《我的奋斗》成为大学生必读的“圣经”。在法西斯的统治下，人不是目的和主体，而成了手段和客体，一个民族正常的理性昏睡了几十年！一个民族事后的忏悔延续到了今天！

腾飞
人才资源决定生存空间

决定一个国家贫富强弱的根本因素是人才资源。使用自然资源会伴随一定的污染，而开发人才资源只会降低污染。一个国家面积不论大小，资源不论多少，人才兴则国家兴，人才强则国家强。

决定一个国家贫富强弱的根本因素是什么呢？一言蔽之谓，人才资源。人才资源是第一动力资源，因为人的智能是经济增长的主要发动机；人才资源是第一战略资源，因为争夺人才历来是各种竞争中的主战场；人才资源是第一优质资源，因为自然资源可能被用尽，而人才资源取之不尽，用之不竭。使用自然资源会伴随一定的污染，而开发人才资源只会降低污染。德国的自然资源不算丰富，“二战”后满目疮痍，许多城市成为一片废墟。然而战后西德仅用了十多年就使德国成为仅次于美国的第二大经济大国。东德在比西德更困难的条件下，经过 40 年的艰苦努力，也跻身世界十大工业强国之列，德意志民族在二战失败后又一次实现了新的崛起。

奥妙是何？实施了人才立国战略！德国是世界上第一个实施《义务教育法》的国家。早在 1717 年，普鲁士帝国弗里德里希·威廉一世就颁布了一项《义务教育规定》，明文规定："所有未成年人，不分男女和贵贱，都必须接受教育"。当有些大臣劝威廉一世考虑办学经费问题时，国王却斩钉截铁地说："这些钱相对于我的长远收益来说，算得了什么？我推广教育，改善的将是我整个国民的素质啊！"威廉一世的儿子弗里德里希大帝继位后，坚决彻底地贯彻义务教育的基本国策，于 1763 年 8 月 12 日亲自签署世界上第一部《普通义务教育法》。到 19 世纪 60 年代，德国适龄儿童入学率已经达到 97.5%。在普及全民教育的同时，普鲁士还建立起教学与科研并重的现代大学——柏林大学。国王威廉三世把豪华的王宫捐献出来作为大学校舍，同时保证国家必须对教学和科研活动给予物质支持，但是不得干涉教育和学术活动。柏林大学的活力和人才培养，为德国强国梦想的实现奠定了基础，也为全世界现代大学模式开了先河。1911 年，德国还创建了"威廉皇帝科学促进协会"，为杰出学者提供专门从事研究工作的机会。

法国科学家帕舍尔认为，法国在普法战争中的失败是在"科学上失败了"，他说："德国增设大学，在大学之间培植有益的竞争心理，对大学教授和博士很尊敬，并给予荣誉，设立宽敞的实验室，并配备精良的实验仪器。而法国只顾革命，沉醉于理想政体的无益争论之中，对高等教育的设施也只是给予偶尔的注意。"普鲁士元帅毛奇在普法战争胜利后曾经自豪地说：“普鲁士的胜利早就在小学教师的讲台上决定了。”当时的德国历史学家莫姆森也曾意味深长地说过：“我们这个国家曾一度是军事强国，又是才智强国。要注意，别让才智在这个国家消失，只剩下一个纯军事国家。”

因此，战争摧毁了德国的物质设施，但无法夺去德国人的智力。战后的西德把科技和教育当作人类社会“进步的中枢神经”。在科技研究方面，西德 20 世纪 60 年代科技研究经费的年平均增长率达 15%，为西方国家之冠。进入 80 年代，用于科学研究与开发的经费占国民生产总值的比重高居各国之首。重视引进外国的先进科学技术，是西方国家中最大的专利许可进口国之一。原来的 8 年制义务教育改为 9 年制和 10 年制中学义务教育，特点是培养研究人才和实用人才并重。表现在小学毕业后分流到三种不同类型学校：文科学校，毕业后一般都可升入大学深造；实科学校，大部分学生毕业后成为工业企业的技术员、地方行政机构的中级职员、商店经理；普通中学，毕业后一般到工厂企业当学徒工、手工业者和事务员，也可以上各种职业学校深造。小学毕业后升入上述三类学校的比例分别为 20%、18% 和 62%。

二战后，德国的领土依然如故，也没进行对外扩张，然而凭借百余年来科教兴国政策的巨大效应，仰仗国民整体的高素质和林林总总的人才，在一片废墟上再一次把德国推到了世界强国的行列。

刘禹锡《陋室铭》曰：“山不在高，有仙则名；水不在深，有龙则灵。”每个国家面积不论大小，资源不论多少，人才兴则国家兴，人才强则国家强。一个“谈笑有鸿儒，往来无白丁”的民族有了先进的制度和理念，就会永远立于不败之地。那种不去致力于经营人才资源，却去明火执仗劫取别人自然资源的侵略行为，注定是飞蛾扑火——自取灭亡。

算计

如果忘记人类共同利益

所有国家、所有人们具有的共同的利益，那就是整个人类的生存、和平、平等、自由、人权、发展等。尊重、保障人权是所有国家不能逾越的底线。

实事求是地说，苏联在“二战”前相当长一段时期里，不像英、法那样处心积虑地把祸水引向别人，而是针对咄咄逼人的法西斯嚣张气焰，理性地倡导世界各国采取集体行动维护世界和平。

1938 年 10 月，英、法在与德、意签订《慕尼黑协定》的同时，还分别与德国签署协议，保证用和平协商手段来解决它们之间的一切争端，消除一切可能引起纠纷的根源。这场慕尼黑闹剧显然是英、法“祸水东引”企图的大暴露。苏联是捷克的盟国，但在讨论捷克问题时却被英、法摒弃于慕尼黑会议之外。而苏联仍然没有放弃建立集体安全体系的努力。当德国 1939 年将锋芒逼向波兰时，苏联向英、法承诺，一旦德国进攻他们，苏联将立即在 8 至 10 天内动员120个步兵师、16个骑兵师投入抗德战争，但英国方面却表示只能派出6个师赴法作战，双方差距太大，无法达成共识。从此，它改变了过去不与德国交往、结盟的态度，开始实施祸水西引的策略，以求自身的安全无虞。

经过一番讨价还价，德国外长带着希特勒亲笔签字的全权授权书飞抵莫斯科，晚上即与苏方签订了《苏德互不侵犯条约》，斯大林亲自出席了签字仪式。极为糟糕的是，条约还附有“秘密附加议定书”，对双方在东欧的势力范围作了划分：当发生领土和政治变动时，芬兰、爱沙尼亚、拉脱维亚归属苏联；德、苏在波兰的势力范围将大体上以纳雷夫河、维斯杜拉河和桑河一线为界。关于波兰是否保持独立以及波兰的边界如何划分等问题，双方表示将在进一步的形势发展中以友好协商的方式解决。

《苏德互不侵犯条约》使英、法祸水引向苏联的迷梦归于破灭，苏联算是出了一口恶气，不失为成功的一招；但就维护抵抗法西斯侵略的根本利益来说，这又是失败、危险的一步。因为这个条约中断了建立反对法西斯联盟的努力，模糊了当时世界人民应该齐心协力打击的主要对象，暴露了苏联作为社会主义国家也有觊觎他国领土的企图，损害了社会主义国家的形象。因此，最大的赢家是希特勒，最令他害怕的英、法、苏反德联盟胎死腹中，德国担心的东、西两线作战的危险化为乌有。

20世纪上半叶，地球上发生的所有战争共耗去47000亿美元，其中40000亿是在第二次世界大战中消耗掉的。根据1988年成立的专门委员会所作出的最新统计，苏联在4年多的战争期间共死亡

2700万人，其中军人870万；波兰每9个人中便有1人身亡；美、英、法三国死亡的人数分别为40.5万、37.5万和60多万；德国死亡650万人；德国在欧洲的仆从国死亡160万人。

尽管上述数字并不完全精确，但也足够表明，人类在短短的6年间蒙受了多么大的牺牲！然而，这场悲剧并非不可抗力的天灾。如果英、法能够把德国大体上束缚于《凡尔赛和约》之中；如果当时英、法不采取祸水东引的绥靖政策；如果苏联不去签订祸水西引的《苏德互不侵犯条约》，再作一下联合英法的努力；如果国际社会能够及早认清法西斯的本质，形成抵御法西斯的铜墙铁壁，第二次世界大战是完全可以避免的。

但是，当时的国际社会只知道此国与彼国之间的利益对立，忽略了所有国家、所有人们还具有共同的利益，那就是整个人类的生存、和平、平等、自由、人权、发展等。法西斯既是资本主义国家的敌人，也是社会主义的敌人，是整个人类的敌人。“二战”之后的社会主义国家和资本主义国家终于深刻醒悟到了双方都负有履行维护人类和平的神圣义务，因此他们携手创建了以维持国际和平与安全等为宗旨的联合国。国际社会终于认识到了尊重、保障人权是所有国家不能逾越的底线。因此迄今为止，联合国通过了90多项有关人权的宣言、公约和议定书。

虽然大同社会还非常遥远，但人类毕竟一步步向她走去！

起源

“灵与肉”的法治之路

在西方传统文化中，法律有神意之法和人意之法的区别。法治是灵魂、理性不敌情欲的产物。

法律是人法，法学是人学。因此，研究法治的起源，需要追溯人类对“人是什么”的思考历程。学界公认，人类第一次思考“人是什么”，肇始于被德国学者雅思贝斯所称的公元前 800 年至公元前 200 年的“轴心时代”。在这一时期，中国、印度和西方这三个地区几乎同时独立地出现了许多思考人本身的伟大哲人，中国有诸子百家，印度有佛教，西方有苏格拉底、柏拉图、亚里士多德等。然而经过这次反思活动采信法治的却只有西方一家，所以然者何？盖因西方人把人的灵魂与肉体作了分别。中国人的灵魂观念与西方人不同，它指的是附在人躯体上作为主宰的灵体，灵体离开躯体人即死亡，灵体就是灵魂。魂主精神，而魄主身形，除了伟人成圣外，常人死后灵魂会变成鬼，但不代表是邪恶的，而是会保佑子孙，或向杀害本人的坏人报复，所以类似低级的神明。

西方灵与肉分裂的观念可以追溯到公元前6世纪希腊民间的奥尔菲神秘教派，后经毕达哥拉斯派加以改造，成为希腊思想文化里的重要成分，到苏格拉底、柏拉图和亚里士多德手里就成了思想文化研究的一个基本课题。灵与肉分裂观念引发法治学说的逻辑和历史过程是这样的：

人的灵魂与肉体是不同的，灵魂是真、善、美的代表，肉体是欲望或邪恶的代表，两者处于紧张的对立之中。苏格拉底认为，人活着，灵魂就会遭受肉体的拖累，使人被肉欲左右而得不到真知识。柏拉图认为，人的灵魂在投生前就已存在，投生后受到肉体拖累，不容易回忆起原来具有的知识，肉体是达到真知的障碍，为了获得真知，人必须挣断这种束缚。亚里士多德说，人的本质是灵魂与身体的统一，如果按照人类生理和心理的自然顺序，人先有身体后有灵魂，先有非理性（情欲）后有理性（德性、理智），身体与非理性相联系，灵魂与理性相联系。理性是相对于“过分”和“不足”两个邪恶的极端之间的“中道”，“过分”是主动的恶，“不足”是被动的恶。以情感为例，自信是骄傲（过分）与自卑（不足）的中道，义愤是易怒（过分）与麻木（不足）的中道。以行动为例，勇敢是鲁莽与怯懦的中道，大方是奢侈与吝啬的中道。人们虽然倾向于理性、德性，却可能永远实现不了理性、德性，甚至成为违反理性、德性的罪人。

灵魂是神意的体现，情欲或邪恶是尘世的产物。苏格拉底提出

"认识你自己"，首先就是要认识灵魂，这灵魂是理性和智慧的所在地，是永恒不变的，人死后肉体会分解消亡，但灵魂常在。人为何会作恶？因为人有愚昧无知的缺陷，统治者不重视对人的教育。柏拉图认为宇宙有理念和现实两个世界，现实世界是没有一点恶、全部都是善的神创造的，他把理性放入灵魂，把灵魂放入躯体。但人的灵魂、理性会受到非理性的欲望的干扰。亚里士多德虽然不像苏格拉底和柏拉图那样把灵魂、理性视为外在于人的客观独立物，而是人与生俱来的东西，但他在《伦理学》的结尾也说，人的灵魂、理性与神最为接近，是神最喜欢的东西。

与灵与肉的分裂相适应，法律有神意之法和人意之法的区别。苏格拉底把神意体现的自然法和国家制定的人定法区分开来，认为无论是不成文的神的法律还是成文的人的法律都必须考虑正义，正义性不只是立法的标准，而且是立法的共同本质。他之所以被判死刑而拒绝逃跑，就是认为法律是神意的体现。柏拉图在《法律篇》中认为人定法源于自然法，自然法源于神意。亚里士多德把法律视为不受欲望影响的理性，他说，只有让上帝和理性来统治，法律才会统治人们；要是让人来统治，那就要加上兽性的成分。他也将法律分为自然法和人定法两种，前者反映自然存在的秩序，后者以前者为基础，由人制定，调整人为的秩序。

法治是灵魂、理性不敌情欲的产物。灵与肉分裂后，苏格拉底和早年的柏拉图出于对人类灵魂、理性的信心而主张人治，苏格拉底反对民主制，主张贵族制；柏拉图主张哲学王来搞人治。但苏格拉底被处死、政治斗争剧烈等残酷社会现实逐渐使人们看到人们的情欲往往压倒灵魂和理性，因此，苏格拉底提出了统治者会不会犯错误这一贯穿西方法律思想史的疑问；柏拉图晚年撰写《法律篇》，认为“哲学王”的人治虽然是最好的统治方式，但一时难以实现，次好的法治统治方式也是可行的。到了亚里士多德就完全变成“法治”论者。他认为人治、尤其是一个人的统治，可能在政治中混入兽性的因素，是极其危险的。法治应包括两层含义，一是法律获得普遍的服从，二是大家服从的法律是良好的法律。

基督教问世后，继承古希腊“灵与肉”分裂理念，提出了“上帝的归上帝、恺撒的归恺撒”的社会统治理念，灵魂、理念方面的事务归教会管理；肉体、行为方面的事务归法律管理。这是另一种形式的德治和法治。

现实

不宜过高评价《大宪章》

过高评价英国《大宪章》是不符合注重社会存在决定社会意识这一唯物史观根本观点的。中国的依宪治国需要汲取什么样的历史资源，要由当今中国现实的政治经济文化发展需求来决定。

中国古代的周朝已有较为系统的限制王权的思想理论、法律规定和具体实践，比英国《大宪章》要早两千多年。

2015 年是英国《大宪章》问世八百年。由于英国《大宪章》具有鲜明的限制王权的思想，学界几乎一致认为它是人类第一部宪法文献。但若将其置于人类的整个历史长河中加以审视，就不难发现学界的评价失于过高。

1215 年 6 月 15 日，英格兰的封建贵族聚集伦敦，挟持国王约翰，逼他签署《大宪章》。该文件共有 63 条，其中最为重要的有两条：一是第61条规定，由25名贵族组成的委员会有权随时召开会议，具有否决国王命令的权力；并且可以使用武力，占据国王的城堡和财产。二是第 39 条规定，未经同等级者的合法裁判，对任何自由人不得施行逮捕、监禁、没收财产、放逐出境等处分。这两条构成了对王权的实质性限制。

然而，且不论别的国家，单看中国历史上限制王权的理论学说和法律规定，就要比《大宪章》早两千多年。

征诸目前的历史文献，至少在公元前 11 世纪的周朝就有了限制王权的规定，这主要体现于周朝的习惯法——周礼。根据周礼的习惯法规定，一方面，君主依据周礼对贵族拥有生杀予夺大权；另一方面，贵族对君主亦拥有谏、逐、诛等合法的权利。

谏，就是批评。《尚书大传》说："古者天子必有四邻：前曰疑，后曰丞，左曰辅，右曰弼。""匡过而谏邪者谓之弼。弼者，弼天子之过也。"《周礼》于地官司徒下设"保氏"，专门"掌谏王恶"。《国语·周语上》记召公语云："天子听政，使公卿至于列士献诗，瞽献曲，史献书，师箴，瞍赋，蒙诵，百工谏；庶人传语，近臣尽规，亲戚补察，瞽、史教诲，耆、艾修之，而后王斟酌焉，是以事行而不悖。"国君如果拒谏弭谤，就有可能受到"放"或"诛"的处分。

放，即流放。如西周厉王被公卿大夫流放于彘。春秋时期被放逐的有过之君更多。《春秋》记载此事所用的表述方式是：不言逐而言奔，且多书出奔者名。昭公三年："北燕伯款出奔齐。"晋代杜预注："不书大夫逐之而言奔，罪之也。"其他如：郑伯突出奔蔡（桓公十五年）；卫侯朔出奔齐（桓公十六年）；卫侯出奔楚（僖公二十八年）；卫侯出奔齐（襄公十六年）；蔡侯朱出奔楚（昭公二十一年）；

莒子庚舆来奔（昭公二十三年）；邾子益来奔（哀公十年）。

放逐国君，时人无有非议。如毛公鼎铭文载，宣王即位，对其父厉王暴虐罪行直言不讳，对放逐厉王的臣民无有不满之意。春秋时期的王子朝更径言"至于厉王，王心戾虐，万民弗忍，居王于彘。诸侯释位，以间王政"（《左传·昭公二十六年》）。

诛，即"弑君"。弑君事件中，有些纯属乱臣贼子的犯上行为，但确有一部分是因为君主无道而被人处死的。《春秋》记录此事所表达的方式是：如属国君无道而见弑，一般书君名而不书弑者名；弑者如为大臣则称其国名，弑者身份较低则称其为"人"。成公十八年："晋弑其君洲蒲。"杜注："不称臣，君无道。"襄公三十一年："莒人弑其君密州。"杜注："不称弑主名，君无道也。"其他如：莒弑其君庶其（文公十八年）；吴弑其君僚（昭公二十七年）；薛弑其君比（定公十三年）；卫人杀州吁于濮（隐公四年）；齐人弑其君商人（文公十八年）；宋人弑其君杵臼（文公十六年）。

诛杀无道之君的理由在于"夫君人者，其威大矣。失威而至于杀，其过多矣……若以邪临民，陷而不振，用善不肯专则不能使，至于殄灭而莫之恤也，将安用之？"（《国语·鲁语上》）

总之，君主对贵族拥有生杀予夺之大权，而贵族对君主亦拥有谏、诛、放之权利，是一种双向制约的关系。所以，一方面是"夫君，神之主而民之望也"（《左传·襄公十四年》），另一方面又是"有君而为之翻…善则赏之，过则匡之，患则救之，失则革之"（《左传·襄公十四年》）。这两种看似并不一致的原则，在周礼那里却是并行不悖的。

秦汉以下，分封制被郡县制、贵族制被官僚制所取代，周礼作为习惯法也被成文法取代。但是，周朝贵族制约君权的习惯在秦汉以降的君臣关系中仍有保留。这主要表现为宰相对皇帝有两种制约权，一是不肯副署权，即：宰相如果认为皇帝的诏令不正确，可以拒绝副署。没有宰相副署，诏令没有法律效力。唐朝武则天下敕惩治刘炜之。刘炜之见敕文未经中书门下副署，遂说："不经凤阁（中书）鸾台（门下），何名为敕？"二是奉还诏书。即：宰相如果觉得皇帝诏令不正确，可以退回皇帝三思。

正是因为周礼中有贵族限制君权的规定并且有此规定付诸实施的历史记载，继承周礼思想的儒家才有大量臣民可以约束王权的论述。最典型的是《孟子》所载："齐宣王问：'汤放桀，武王伐纣，有诸？'孟子对曰'于传有之。'曰：'臣弑其君，可乎？'曰：'贼仁者谓之贼，贼义者谓之残，残贼之人，谓之一夫。闻诛一夫纣矣，未闻弑君也'"（《孟子·梁惠王下》）；"齐宣王问卿，孟子曰：'王何卿之问也？'王曰：'卿不同乎？'曰：'不同。有贵戚之卿，有异姓之卿。'王曰：'请问贵戚之卿。'曰：'君有大过则谏，反复之而不听则易位。'王勃然乎变色。曰：'王勿异也！王问臣，臣不敢不以正对。'王色定，然后请问异姓之卿。曰：'君有过则谏，反复之而不听则去。'"（《孟子·万章下》）在孟子看来，国王的宗亲贵族可以革除无道之君；异姓贵族则可以批评国王，国王不听就离他而去。

另一儒家大师荀子则认为不论是宗亲贵族、还是异姓贵族，对无道之君都拥有"谏、争、辅、拂"等权利："大臣父兄有能进言于君，用则可，不用则去，谓之谏；有能进言于君，用则可，不用则死，谓之争（通“诤”）；有能比知同力，率群臣百吏而相与强君挢（通“矫”）君，君虽不安，不能不听，遂以解国之大患，成于尊君安国，谓之辅；有能抗君之命，窃君之重，反君之事，以安国之危，除君之辱，功伐足以成国之大利，谓之拂（通“弼”）。故谏、争、辅、拂之人，社稷之臣也，国君之宝……”（《荀子·臣道》）荀子所言的“谏”是批评；“争”是以死进谏；“辅”是聚集群臣百官强行纠正君主的过错，类似“兵谏”；“拂”是指暂时代行君权，安定天下，类似“挟天子而令诸侯”。

因此，中国古代的周朝已有较为系统的限制王权的思想理论、法律规定和具体实践，比英国《大宪章》要早两千多年。限制王权的法律和理论源远流长，但我们能否循着这一轨迹追寻近代宪法政治之发轫呢？我认为恐怕不能。近代宪法政治是由以下几个要件构成的：第一，产权多元化为基础的市场经济。这是近代宪法政治产生的经济基础，没有市场主体的多元性，就不会有多元的政治力量，而宪法是各种政治力量对比的产物。第二，宪法的实施必须以民主为基础。民主有多种形式，但核心是公民对国家重大事项的投票权。民主是保证宪法实施的前提。第三，社会具备普遍的人权、平等、自由等宪法意识。而近代以前的社会结构特点是：自然经济为主的经济结构；富贵不分的贵族阶级为主导的社会结构；维护君主、贵族等少数人利益为主的特权法。这样的社会是根本不可能产生近代宪法政治的。因此，过高评价英国《大宪章》是不符合注重社会存在决定社会意识这一唯物史观根本观点的。

英国史学家克罗齐说过：“一切历史都是当代史”“一切历史都

是思想史”。克氏这些论断当然具有唯意志论色彩，但他揭示了一些人发思古之幽情，恰恰是为了当代的真相。历史遗产非常丰富，从中汲取什么，是由人们的现实需要决定的。中国的依宪治国需要汲取什么样的历史资源，要由当今中国现实的政治经济文化发展需求来决定。

投降

美国军人怕死的“权利”

美国并没有把“贪生怕死”作为军人的基本权利。任何一个现代国家都不会随意让军人投降的，都不会鼓励军人贪生怕死的，相反，都会激励军人勇于为国捐躯，绝不轻易向敌人投降和屈服。

近年来，不断有人以美国军人在战场上可以投降、被俘后可以招供等为例，撰文说明“贪生怕死”是人的基本权利，这引发我找来《美国军人行为准则》（以下简称《准则》）资料加以研读，但我读后发现，美国军人投降、招供并非如同某些人所说的那样容易、简单。《准则》起源于南北战争时期，而现代的《准则》共有 6 条，是 1955 年由艾森豪威尔将军领导制定的。贯穿这份准则的指导思想是：不论是作战，还是被俘，军人都要为保卫国家做好牺牲生命的准备。《准则》对军人的投降和被俘后的言行都作了较为严格的限制约束。什么情况下，美国军人才可以投降？根据《准则》第 2 条规定，第一，对于指挥官来说，只要下属认为还有理由抵抗敌人，只要部队仍然可以作战和脱逃，就绝不能下令投降。第二，对于士兵而言，只有用尽所有合理抵抗行动，再继续抵抗除了死亡而别无选择时，才可以考虑投降。被俘后不是像某些人所说的那样可以随意招供，相反，《准则》第5条“a”和“b”款明确规定只允许向敌人说出自己的姓名；出身背景；兵籍号码和出生日期，其他都是不能随便说的。

除此之外，《准则》对被俘后的言行作了严格的限制性规定：第一，《准则》第5条有关款项规定，要不惧敌人酷刑，拒绝向敌人招供，并指出根据美国战俘的经验，不论多残酷的审讯过程，只要该员仍旧抱持着抵拒的决心都能熬过。第二，《准则》第3条规定，不能接受敌人任何以出卖国家情报、放弃抵抗、逃跑等为条件的优惠待遇。第三，《准则》第3条还规定，不能放弃脱逃等日内瓦公约允许的合法、合情、合理的抗拒方式进行抗拒。第四，《准则》第4条规定，不能向敌人提供任何有价值的情报，不能向敌人提供可能伤害同伴的信息。第五，《准则》第4条还规定，在战俘营要继续服从自己的长官或上司的指挥，照顾受伤的同伴。第六，《准则》第5条规定，在战俘营不能有任何对国家和盟国有不忠的言论，拒绝做出对美国、盟国、其他战俘造成伤害的事情，包括口头或书面的告解与道歉，填写问卷调查，告知个人经历，配合制作宣传录音带或影像，在电视转播中朗读任何为敌人宣传的文件，或让配合录制自己看起来像是投降的影像，自我批判等等。

《准则》在对军人职业道德、被俘言行作了明确规定之后，接着就告知军人，战俘归国后，国家会对其是否遵守了《准则》进行审查、奖惩。第 6 条对此作了明确规定。如果在被俘期间在遵守了《规则》，国家会专门照顾其家属，他们本人的利益都会被尊重。第 6 条对此规定：武装部队的成员必须牢记着在被俘其间，会有专门机构照料他们的家属，薪水与加给，晋升的程序与眷属的福利都将会持续，成员必须要对其家庭与人际关系上提早做安排，如没确实完成，在被俘期间将会造成自身严重的愧疚与家庭成员不必要的艰困。但如果向敌人提供不该提供的信息资料，导致敌人作为证据时，那么战俘的身份将变成战犯。第 5 条对此作了明确规定。上述规定表明，战俘释放后，国家将按照《美国军人行为准则》对他们在被俘期间的表现进行严格审查，如果在被俘期间遵守了《规则》，国家会专门照顾其家属，他们本人的利益都会被尊重；如果向敌人提供不该提供的信息资料，导致敌人作为证据时，那么战俘的身份将变成战犯，国家会予以追究。

由上可知，美国并没有把“贪生怕死”作为军人的基本权利。人有自然和社会两种属性，单从自然属性来看，人似乎是“贪生怕死”，但问题是人不是只有自然属性，而是还有比自然属性更为重要的社会属性（甚至可以说，人之所以为人，就因为人有社会属性，否则就不是人或“万物之灵”，而成为动物）。社会属性决定了人对生死的复杂态度。例如，人的公民身份决定了公民要对国家具有必要的忠诚度；军人、警察在履行自己的职责时，要不怕牺牲。笼统地说，“贪生怕死”是人的基本权利，在实然法方面很难找到例证；在道义方面也欠缺对人的复杂社会属性的分析，失之空泛。之所以有些人误以为美国大兵可以随意投降，可能是看了美国的一些大片得出的印象，而没有去对美国的有关制度进行审视和研究。可以说，任何一个现代国家都不会随意让军人投降的，都不会鼓励军人贪生怕死的，相反，都会激励军人勇于为国捐躯，绝不轻易向敌人投降和屈服。

瑕疵

拿破仑与《拿破仑法典》

一个国家不用民主的方法去制定和执行法律，是难以保证法律的良善和有效的实施的，是违背法律的民主化进程的。

拿破仑成为督政府第一执政后，认为自己不但能做像恺撒、亚历山大和汉尼拔一样伟大的军事家，而且也能成为像斯巴达法典制定者莱克格斯、巴比伦法典制定者汉穆拉比和雅典法律变革家梭伦那样伟大的立法者。从 1800 年起，他任命两个单独的法律改革委员会，然后又将它们合并成一个联合委员会。凡是联合委员会提出的建议，交由参政院的司法委员会研究，然后送他最后批准。参政院关于制定民法典的会议召开过 109 次，拿破仑参加了 57 次。在讨论中，拿破仑经常打断一些繁琐的枝节争吵，通过简洁明晰的提问将讨论带回到实际而具体的问题之中。他强调立法的目的是回应现实生活需求，而不是创造一些生涩的法律概念。由于拿破仑的影响，《法国民法典》在风格与语言表述方面，既生动明确又浅显易懂。新民法的条文从1802年开始公布，到1804年出齐，被命名为《法国民法典》。1807年9月为了彰显拿破仑的功劳，改名为《拿破仑法典》。

民法典的问世，使他兴奋不已。直到生命临终之际，他还在圣赫勒拿岛盖棺论定式地说出这样的话："我真正的光荣不在于打赢了40多场战役，滑铁卢会抹去人们对这些胜利的记忆。但有一样东西是不会被人忘却的，它将永垂不朽——那就是我的民法典。"

《拿破仑法典》作为资本主义国家最早的一部民法典，在破坏国内和欧洲的封建制度，促进国内和欧洲资本主义的发展方面起过不容低估的示范作用。但它也绝非像拿破仑预言的那样会"永垂不朽"。

拿破仑是用专制而非民主的手段制定民法典的。当草案提交评审委员会讨论时，一些共和主义者起而反对，认为民法典草案只不过是"对罗马法奴隶般的模仿和枯燥无味的交集物"。不同力量的博弈和不同意见的争论本属立法过程中的正常现象，任何法律往往都是在集思广益中妥协而成，而拿破仑独断专行地将评审委员会的法定人数减少一半，将所有持反对立场的委员全部清洗出局。一年以后，草案在没有任何异议的情况下获得通过。

拿破仑把他歧视女性的观念塞进了民法典。法国大革命爆发后，争取男女平等、保护妇女权利的呼声很高。1792年9月，国民公会曾颁布一项法律，允许男女双方同意即可离婚。拿破仑一向仇视妇女解放，宣称：“妇女这些天想去哪里就去哪里，想干什么就干什么，这怎么行！需要管制。法国犯不上让妇女占上风，她们占的便宜已经太多了。”在拿破仑这种观念指导下，法典虽然保留了男女双方同意即可离婚的规定，但增加了需经双方父母同意的前置条件，而且在手续方面比以前更复杂。按照第229条和第230条的规定，男方只要发现女方有通奸行为，即可提出离婚；而女方只有发现男方将情妇带到家里才可要求离婚。第308和209条规定，妻子有通奸行为，可判处监禁两年以下，只有丈夫同意领回才能释放；而丈夫若有通奸行为，仅可处以罚款。第376条和第377条强化了父权，规定父亲只要提出要求，即可将不顺从自己的子女判刑入狱。第213条至第217条尤为恶劣，恢复了中世纪为妻者必须顺从丈夫的法定义务。第268条和第776条规定，严禁妻子有管钱的权利，除非她已注册经商。此外法典还规定妻子杀害丈夫者，不得聘请辩护人，而丈夫杀害妻子则可享有此项权利。

民法典虽然宣告劳动自由，但同时规定凡是发生劳工纠纷，法官以雇主所言为依据。拿破仑还先后发布法令，规定警察可以佩戴身份证去禁止工会活动和罢工，违者入狱，并授权警察局长可以任意处置工资纠纷。

民法典公布后，拿破仑也没有严格执行，而是采取了实用主义的态度。例如，法典禁止采用什一税，但在1802年—1804年期间，拿破仑对被废黜的王侯、流亡者及神职人员的财产，照收不误。

因此，拿破仑关注民法典，虽然也能歪打正着地推动立法事业的进步，但一个国家不用民主的方法去制定和执行法律，是难以保证法律的良善和有效的实施的，是违背法律的民主化进程的。只有民主加法治，才是宪治乐土；而专制加法治，则是凶多吉少。

沉浮

铁血宰相晚年的醒悟

中外君权与相权的关系主要具有两大特点：一是由于相权源于君权，宰相权力也必然会随着君权的不断加重而削弱。二是宰相作为百官之长、政府首脑，必然具有一些相对独立的自主性。这两大特点决定了君权与相权永远是一种摩擦、纠结的关系。

德国统一后，俾斯麦一下子成了人们无比崇拜的民族英雄，这促使他欲望的烈火熊熊燃烧。他根据自己的"身段"，定做了1871年德意志帝国的第一部宪法，把宰相规定为"一人（皇帝）之下，万人之上"的大权独揽者。他只对皇帝一人负责，不对议会两院低头，议会不能提出对宰相的信任或不信任的决议案。各部大臣事实上是由宰相任命。宰相不仅是皇帝之下的帝国最高行政长官，还是议会的领袖。因为他兼任联邦议会主席，监督议会工作，皇帝公布帝国法律时，须由宰相副署。这种政体既非标准的议会内阁制，又非典型的君主立宪制，集中体现了俾斯麦的意志。

但是，俾斯麦的权力毕竟来自于皇帝对他的信任，取决于皇帝的好恶。这样他就难逃人类历史上皇权与相权演进规律的制约。中外君权与相权的关系主要具有两大特点：一是由于相权源于君权，宰相人选必然会随着君主个人的喜怒哀乐而不断变化；宰相权力也必然会随着君权的不断加重而削弱。二是宰相作为百官之长、政府首脑，在长期运行中必然形成一些稳定的习惯规则，必然具有一些相对独立的自主性。这种自主性难免会与皇帝的多变性情发生摩擦和对抗，最后的结果往往是宰相凶多吉少。

俾斯麦的铁血政策之所以能够呼风唤雨二十年，最根本的是靠威廉一世的信任。然而，且不说古今中外的皇帝与宰相都很难做到亲密无间、持之以恒，更何况像俾斯麦这样极度自负、专横的人！好在威廉一世是个性格软弱，为了事业不计个人得失的君主，能够宽恕俾斯麦的野性。每当威廉一世不听俾斯麦的意见时，他就以辞职相威胁。他曾得意地对别人说："当我以辞职恐吓的时候，老头子就会呜咽流泪地说：'现在连你也不理我了，我怎么办呀？'"然而，皇帝不可能都像威廉一世这般模样。1889 年 3 月，30 岁的威廉二世继位。年轻气盛的新皇帝不能忍受俾斯麦的趾高气扬，一场权力之争就开演了。

普鲁士过去有项法令，规定内阁大臣不得越过宰相直接向国王反映情况。俾斯麦一直用这项法令禁止大臣与皇帝的接触。威廉二世要俾斯麦立即废除它，俾斯麦则坚称这条法令必不可少。图穷匕首见。不久，一个穿着雍容华贵的陆军将军奉皇帝之命，登门询问俾斯麦，那项法令何时取消，俾斯麦傲慢地答道：“这项法令不能取消！”第二天早上，汉克军长带着皇帝的命令来了，要他立刻取消旧的阁令，“不然的话，皇帝要你立刻辞职，而且必须于今日下午两点亲自入宫面呈！”俾斯麦则声称“我身体不好，不能出门，我写信给皇帝”。当天下午他召开内阁会议，强调他辞职的唯一理由就是因为皇帝要大权独揽了。他竭力鼓动内阁全体大臣与他一起辞职，逼迫皇帝收回成命，继续让他执掌国政。然而，过去大臣们敬重俾斯麦是因为皇帝厚爱俾斯麦，如今眼见皇帝要赶走俾斯麦，他们还能不识相？于是便用一句“全体告退与普鲁士传统不相吻合”拒绝了俾斯麦。

开完会，俾斯麦回到家，才知道他刚才不在时，皇帝又派人登门催促他递交辞职书。夜深了，俾斯麦正要沐浴入睡，内阁厅长奉皇帝之命敲门质问为何还没看到他的辞职书。俾斯麦此时的脑子清醒了许多，客气地说道：“我做了 28 年的官，为国家做了很多事，我要在历史的审判台前表白我自己！”随后他便口授辞职书，第二天早上略加润饰，将它送入了宫中。皇帝根本不睬俾斯麦信中的哀求与表白，马上批准了他的辞职。念及舆论的压力，皇帝本想重用一下他的儿子，可俾斯麦遗传给儿子的死要面子的秉性，使他与父亲一起打道回府了。

威廉二世并没有放弃对无职无权的退休老臣的防范。他派密探监视到夫里特利士鲁看望俾斯麦的人，以致许多胆怯的客人为躲开密探，只好在布肯下车，换乘无人监视的本地火车并步行一段路。凡寄给俾斯麦的公函，威廉二世都要到邮局亲自拆开审查。在 1897

年庆贺威廉一世百年冥寿时，威廉二世向先皇的许多旧臣表示诚意，但却只字未提俾斯麦。

这时的俾斯麦终于明白了，离开了皇权的支撑，他什么也不是；对皇权的制度约束是必不可少的。他在回忆录中写下了最后的忏悔和期盼："我过去的尽职行为也许恰巧是造成德意志走向衰落、没有骨气的原因。现在我们最要紧的事情就是巩固帝国议会，使它不再退化。若是继续放任它的退化，前途不堪设想，危机即将到来。我赞成真正、普遍、独立的选举，赞成民主共和政体。也许上帝会赐给德意志新的光荣时代，但这个光荣时代必将以民主共和为根基。"

晚年的俾斯麦经常徘徊于森林小道，酷爱森林，直言树林是他的祖先。在宦海沉浮一辈子的他此时大梦方醒："森林里有自由的空气、温暖的阳光以及和煦的微风，那里就是我最后的休憩之所。"1898年7月30日，他最后的愿望实现了。

圣雄
以绝食祈求和平

在宗教传统深厚的国家和地区，像甘地这样宗教人格化的领袖人物，是社会稳定不可或缺的重要支柱。心灵的疾病只有心灵的导师能诊治，人生的导向常赖偶像来挥手，这在宗教盛行的年代难以避免。

在近代印度的民族解放道路上，印度教和伊斯兰教的信徒们分分合合，恩怨交错，最终没有携手共建一个新印度，却以印巴分治而结束。虽然如此，甘地在这一悲欢离合的过程中，为两大教派的团结和谐所作的艰辛努力，常令后人难以忘怀。

无数事实表明，如果没有一个能够跨越不同宗教和不同民族、反映全体人民长远利益的政党，而是分别以宗教、民族为背景组建各个政党，那就难免发生摩擦。1937 年在殖民当局主导下的省立法会议选举中，国大党和穆斯林联盟都想获取更多的席位，最后前者遥遥领先的选举结果，使后者深感不安，加之胜选的国大党在组建各省政府时，没有给穆斯林联盟成员一定的席位，1940 年 3 月的穆斯林联盟年会便正式通过了单独建国的决议。

1947 年 3 月，英国的最后一任印度总督蒙巴顿与甘地进行了谈判。甘地说："请您不要分裂印度。"蒙巴顿说："印巴分治是我打算采取的最后一着。""为了保持统一，我可以让真纳来组成政府。""那您根据什么断定国大党会接受这项提议呢？""因为国大党希望避免分裂。"然而，不出蒙巴顿所料，甘地费尽了口舌，也没有说服他的战友们接受他的主张。

1947 年 8 月 16 日印巴新边界的公布，成了各种仇恨总爆发的导火线。印度出现了长达一个半月的疯狂厮杀。50 万名平民丧身，1200 万人从印巴两国相互逃亡，难民人数比"二战"造成的流离失所者还要多 4 倍。政治家的一念之差，就是千万人的飞来横祸！

为了扑灭加尔各答仇杀的烈火，78 岁高龄的甘地发表声明，决定从 9 月 1 日起开始绝食，一直到动乱结束。绝食到了第三天，甘地健康恶化的消息终于唤醒了这个城市的良知。各个教派显要人物起草了一项声明，庄严保证阻止宗教仇杀再起。

加尔各答平静之后，甘地又拖着虚弱的身躯赶往刀光剑影的首都新德里，印度教徒在这里屠杀中央车站的穆斯林苦力，洗劫穆斯林的商店。1948 年 1 月 13 日，甘地开始了一生中的最后一次绝食。当晚，他在祈祷会上用微弱的声音说道："各个教派必须以人道主义取代野蛮行径。如果你们不能如此，我也无需活在世上。"第二天，由于绝食，他的体重便下降了一公斤。第三天，印度政府经过长期争论，终于决定立即偿付巴基斯坦的款项。第四天，甘地已无力行走，没有出现在屋外的草坪上。第五天，公报宣布他的生命濒危。全国各地的人们纷纷涌向城市的广场，高呼“亲善”“团结”和“拯救甘地”。第六天，公报宣布急性尿毒症即将夺去甘地的生命。他向秘书口授了必须把占领的清真寺归还给穆斯林等停止绝食的 7 项条件，要求新德里各政治组织的领导人都必须在他的声明上签字。第七天，除了个别教派代表以外，其他人都签了，医生劝他喝点东西，他拒绝了。第八天，甘地即将告别人世。新德里的各行各业全都关闭歇业，数十万群众举行集会，强烈呼吁各教派领导人接受甘地的声明要求。苍天相助，各派代表终于在七项声明上庄严签字，甘地这才宣布停止绝食。

然而，甘地的博爱无法融化每一个印度教狂热分子的仇恨的坚冰。1948 年 1 月 30 日下午 5 时，当他将要走上平台例行祈祷时，印度教极端势力的头目戈德森跑到甘地面前，先向甘地鞠躬行礼，并低声说：“圣父，您好！”随从以为他想抚摸甘地的脚，便伸手轻轻地将他挡开，戈德森却猛然推开随从，拔出手枪，顶住甘地赤裸的胸膛，连开数枪，甘地双手合十，口中喃喃说道：“神啊，宽恕这个青年吧！”随后徐徐倒地。这位终生倡导“非暴力”的老人最终死在了暴力之中。

甘地在平息教派仇杀中所起的巨大作用，启示人们在宗教传统深厚的国家和地区，像甘地这样宗教人格化的领袖人物，是社会稳定不可或缺的重要支柱。今日伊拉克动荡不已，或许就是那里缺乏有魅力的宗教领袖。心灵的疾病只有心灵的导师能诊治，人生的导向常赖偶像来挥手，这在宗教盛行的年代难以避免。

合理怀疑

辛普森案的启示

辛普森案给我们的启发是：警察办案必须按照法定的方式进行；检方提交的证据必须经得起法庭的质证和认证；办案警察的品行必须无懈可击。

美国橄榄球超级明星辛普森涉嫌杀害前妻案，是全球瞩目一时的“世纪审判”。2015 年是该案判决 20 年，正值我国进行司法体制改革，采取种种举措防止冤假错案、加强人权的司法保障，因此，对该案作一回顾，不无借鉴意义。

有人说，假如辛普森是个雇不起一流律师的穷光蛋，那他非进大狱不可。然而，若是论有钱，大名鼎鼎的拳王泰森比淡出体坛多年的辛普森有钱得多。可是，1997 年泰森因涉嫌强奸遭到起诉后，尽管他同样花费巨资，聘请著名律师出庭辩护，但仍然无法摆脱被定罪的命运。何以泰森落入法网，而辛普森却能“逍遥法外”呢？

还有人说，泰森案陪审团以白人为主，而辛普森案陪审团成员多为黑人。黑人自然会偏向黑人球星。但是，辛普森案的 12 名陪审员中虽然有 9 名是黑人，其中却有 8 位是女性。根据美国学者对“黑人女性最讨厌何种黑人男性”这一社会学课题的统计和调查，最让黑人女性不满的黑人男性有两种：一种是出名发财后马上就娶一个白人女孩的暴发户；一种是动不动就对妻子拳打脚踢的粗鲁汉。而辛普森这两样儿全都有。况且，在美国的刑事案审判中，12 名陪审员中只要有 1 人持有异议，法院要重定开庭日期，控辩双方要重选陪审员听证和审案。所以，辛普森案陪审团做出被告无罪的一致判决，与黑人构成陪审团主体并无必然的关系。

那么，陪审团究竟凭什么得出了被告无罪的一致结论呢？

第一，警方违反了不得让同一个警察同时穿插于两个相关的现场的基本侦查常识。在调查案发现场和辛普森住宅时，由于是同一批警察进行，使得两处的血迹混处交叉，究竟是辛普森杀人后把血迹带回了他的住宅，还是警察把杀人现场的血带到了辛普森的住宅？而警方说是前者，但已无法举证。在杀人现场发现了被告人辛普森的血迹，但从辛普森身上提取的血液样品，曾被警长温纳特带到凶杀案现场溜达了三个小时之久，因此疑问就来了：案发现场的辛普森的血迹是否警长后来故意设计的吗？

第二，警方涉嫌“非法搜查”。四位白人刑警在辛普森住宅在辛普森住宅外发现了带有血迹的一辆越野车，他们没有得到法官的搜查许可证就进入住宅紧急搜查，违反了美国宪法关于人民住宅不受无证搜查的规定。

第三，警方提交的关键证据令人生疑。警方在辛普森住宅客房后面搜获的黑色手套染有被害人和被告人的血迹，检方为了证明辛普森是凶手，就让他在陪审团面前试戴那只沾有血迹的手套。众目睽睽之下，辛普森折腾了很久，却很难将手套戴上。这使陪审员不能不感到这只血手套的确有点儿太小了，可能不是辛普森的。

第四，办案警察福尔曼平时有种族偏见的言论。福尔曼在案发之夜并不值班，但却深更半夜赶到现场；他自告奋勇带队前往辛普森住宅；白色野马车上的血迹、客房后的血手套、二楼卧室的血袜子等重要证据，凑巧都被他一人单独发现。在此背景下，福尔曼自然成为辩方律师调查和盘诘的重点对象。为此，辩方特意设立了一个免费举报热线电话，希望各界人士提供线索。结果，辩方了解到，这位警官曾有过很多极为恶劣的种族歧视言论，比如，他经常把黑人称为“黑鬼”。福尔曼对此矢口否认，并在法庭宣誓他不曾说过“黑鬼”。可在这次盘诘结束后不久，辩方从举报电话中获悉，一位女剧作家为了收集警察破案的生活素材，在最近10年期间曾多次采访福尔曼，并录制了14个小时的采访录音。在录音谈话中，凡是提到黑人的地方，福尔曼警官一律使用了“黑鬼”这一侮辱性用语，共达41次之多。

面对这一切，陪审团怎能还相信警方？怎能不认定辛普森无罪？

辛普森案给我们的启发是：警察办案必须按照法定的方式进行，不能随心所欲；检方提交的证据必须经得起法庭的质证和认证，不能有丝毫瑕疵；办案警察的品行必须无懈可击，否则无法避免人们对其侦查结论的怀疑。

近年来，我国已采行宁可错放、不可错判的“疑罪从无”原则，只要定罪的证据有疑点，就要判定嫌疑人无罪释放；我国已决定采行“直接言辞”原则，要求办案警察要亲自出庭作证，接受律师的盘问，而非像过去那样写个证词提交法庭即可；我国已决定由过去的侦查为中心，转变为以审判为中心，侦、控、审不再是过去接力棒式的作业，而是一切证据要在法庭提出、质证、认证，一切情理、法律依据要在法庭辩论；我国已决定借鉴美国等英美法系国家陪审团决定有罪与否、法官作出裁判的做法，类似辛普森案审理的情景会慢慢出现在我国的法庭，这对我国警察的侦查、检察官的审查起诉和出庭公诉都提出了不同于以往的较高要求，这是一场伟大的变革。

肯尼迪故事
选举的理性与非理性

选举的标准主要是能力、业绩和主张，经历能够反映一个人的能力和业绩，主张能够表达一个人对现实和未来的看法。然而，有多少人是凭着理性去投票？选举就是理性与非理性相互交织的一种过程、一个结果。

在肯尼迪参加的众议员、参议员和总统选战中，人们开始都不相信他会胜出。一是因为他从不讳言自己的天主教徒身份，这难免让严格实行政教分离的美国新教徒们担心他会听命罗马教会。二是因为他年纪轻轻、历练单薄和来自富豪家庭的公子形象，难免使人们怀疑他的实际能力；三是因为他背部受伤、严重疾病缠身的健康状况，难免让人担心他在公职岗位上能否善始善终。

然而，选战就像不测风云，常能给人意外。恰巧就是没有被多少人看好的肯尼迪却总是出人意料地胜选。他的成功让多少论者泼洒笔墨，但最后都聚焦于金钱、妇女、演技、经历、主张等五个选项上。

肯尼迪的胜选之路是其父亲用金钱铺垫出来的。早在众议员的竞选中，老约瑟夫就确立了明确的战术：用钞票帮助儿子树立形象！一时间，宣传肯尼迪的文章铺天盖地地出现在各种各样的报刊上，原来陌生的肯尼迪的名字通过电台广播倾盆大雨般地进入千家万户。他还买下了每一块大广告牌和每一张海报张贴处，让行人张目就是肯尼迪。他将印有宣传儿子在“二战”期间作战事迹的那期《读者文摘》重印10万多本，让每一位选民人手一册。

老约瑟夫还用钱直接向候选人行贿，让他们在适宜的时候参加或退出竞选。和肯尼迪竞争的对手有十人之多，其中最强劲的要数迈克·内维尔。他被公认拥有决定性的优势，连肯尼迪都私下里承认内维尔理应获胜。然而，正如内维尔的儿子所说的那样：“金钱是一个相当重要的因素。当时参加一次竞选至少需要25000美元，家父为了筹集这笔钱，把房子都抵押上去，直到去世还没有还清债款。而肯尼迪家族却怀揣50万美元来竞选，真是让人太吃惊了！”

在不到30岁的肯尼迪当选为众议员后，老约瑟夫又以坚韧不拔的精神谋划让他登上参议员的位置。肯尼迪的竞争对手小洛奇出身高贵，为了进入参议院，他已经先后击败了三个爱尔兰人，成为仇视来自爱尔兰天主教徒移民的代表。肯尼迪与他较量，舆论一致讥讽其飞蛾扑火。

老约瑟夫自信金钱能使鬼推磨。他把一笔又一笔的捐款绕过法律规定，通过各种孔隙注入选战的金库；还把一笔又一笔的捐款以肯尼迪的名义送往慈善机构、渔业协会、制造业协会和纺织业协会，累计投入数百万美元，远远超过了小洛奇的100万资金。

1960年1月，老约瑟夫又开始帮助儿子竞选总统。他将大把、大把的钞票送进了关键人物的口袋里，又把一些小恩小惠送进了广大选民的家里，一个个竞争对手应声倒地。反之，当纽约一家银行总裁声称反对天主教徒入主白宫时，老约瑟夫威胁说："我在你的银行里存了900万美元，我可以随时从你的银行里全部取出来，让你悔之莫及！"老约瑟夫组建的航空公司还租赁给肯尼迪一架飞机，当别的候选人在机场焦急地等待飞机或在火车、汽车上疲于奔命时，肯尼迪已经争取了更多的时间，走访了更多的州，会见了更多的选民。

古人云："兵马未到，粮草先行。"选战也是如此。肯尼迪的竞选助手凯恩曾对记者说："政治就像是一场战争，取得成功要有三个条件，第一是金钱，第二是金钱，第三还是金钱。"

男人的一半是女人。肯尼迪注意到了女性选民占了注册选民的50%以上，因此确立了吸引妇女眼球的竞选战略。他被广为流传的一句名言是："年长的女人将做你的母亲，年轻的女人将做你的爱人。如果你利用了这两种力量，你将战无不胜。"

为此，肯尼迪家族为年轻的小姐和少妇们举行了不计其数的茶话会。尤以"波士顿茶会"最为出名，选区的所有年轻女性都受到邀请，这让她们深感荣幸至极。因为大多数人还从来没有见过上流社会的聚会。所以，她们一个个穿着自己最漂亮的衣服如期而至。老约瑟夫系了一条白色领带，身着白色燕尾服，而肯尼迪的母亲罗丝穿着巴黎最新时装，他们一起殷勤款待1500名兴高采烈的来宾。

肯尼迪英姿勃发地穿梭在人流之中，和每一位女性握手问候，还不时在小姐的面颊上轻轻一吻，他力图让每一位女性都产生被爱的甜蜜感觉。观察家们称这次茶会是该地区国会席位竞争史上绝无仅有的一次。

在竞选参议员中，肯尼迪在马萨诸塞州的每一个城市都举行了茶会，出席的妇女总数高达7万人。每一次茶会上，主人公肯尼迪的脸上都洋溢着他那中年男性深沉的微笑，他潇洒而又真诚地向每一位女性问好，并弯下头来亲切倾听她们含情脉脉的祝福，这让每一位女性的心里涌起爱的涟漪。细心的人发现，肯尼迪超过小洛奇的那70737张选票，差不多恰好是出席茶会的妇女人数。小洛奇不得不承认“是那些茶会打败了我们”。

是的，一个女性手里事实上攥着几个人的选票。她的枕边温存可以融化丈夫的坚强；她的舔犊母爱可以得到子女的全部；而女性群体的疯狂可以颠覆整个世界！“天若有情天亦老”！

选举有时就是“卖相”，卖相就要有一定的演技。肯尼迪在这方面未必天赋甚高，但怎敌他刻苦演练，“久病成医”，最后倒有不俗的亮相。

肯尼迪竭力摆脱富家公子的形象，而把自己打扮成一个诚恳勤奋的打工仔。在众议员竞选中，每天早上7点，他都要和助手们赶到工厂和码头的大门口，在那里站上一个多小时，向前来上班的每一位工人脱帽行礼：“肯尼迪向您问好，请投肯尼迪一票吧！”匆匆吃过早饭后，肯尼迪便开始走街串巷，轻轻敲开每一户家门，与主人亲切握手：“您好，我是杰克·肯尼迪，很愿意为您服务。”午饭时，他与华人一起吃中餐，与意大利人一起吃通心粉。下午，他走进沙龙、理发店、台球厅和餐馆，与那里的邮递员、司机、女招待、理发师、装卸工等各色人物亲切交谈。晚上，在众多女性簇拥的茶会上，他要连续 3 小时展现殷勤忠诚的笑容。

竞选众议员时，他是 7 点钟动身，而在参议员的竞选中，则改为每天早晨 6 点。肯尼迪的背伤和痉挛几乎一刻不停，但他在众人面前一点也不能显露出来，当一切活动结束时，再也忍不住的疼痛常常使他呻吟不止。

到总统竞选时，他不再是 6 点钟，而是天不亮就急匆匆赶到工厂，去迎接那些冒着寒冷前来上班的工人们。一位同肯尼迪握手的老妇人充满怜爱地说："你太早了，我的孩子，现在还太早，还太早呀！"肯尼迪则彬彬有礼地答道："不，夫人，是时候了。我的时间就是现在。"

肯尼迪的演讲最初语速很快，声音尖细。多亏了老约瑟夫，他鼓励儿子首先要有信心，然后帮他分析每一次演讲的优点和缺点，请人向他传授演讲技巧。肯尼迪的演讲水平慢慢提高了。

针对别人对他的天主教徒身份的攻击，他在演讲中说："我一生下来就是个天主教徒，这难道就意味着我不能成为美国总统？我参加海军的时候，没有人对我的宗教信仰产生疑问。我负伤在退伍军人医院住院时，没有人对我的宗教信仰产生疑问。当我哥哥驾驶轰炸机前往德国执行他的最后一次任务时，也从来没有人对他的宗教信仰产生疑问。我可以在国会任职，我的哥哥可以为国殉身，可是我们不可以成为总统吗？"他情理并茂的演讲，使他的宗教信仰不再成为问题。

针对杜鲁门指责他年轻，缺乏经验，肯尼迪在电视访谈中公开答复道："按照杜鲁门先生检验成熟的标准，所有年龄在44岁以下的人都应该排除在受人信赖和领导岗位之外，那就是说应该阻止杰斐逊撰写独立宣言、阻止华盛顿指挥大陆军、阻止麦迪逊首创宪法，而哥伦布也不应该发现美洲，因为他们当时都不到44岁。"他的这番演讲机智地把对自己的不利因素变成一个有利因素。

肯尼迪的演讲水平在总统就职演说中几乎到了炉火纯青的地步："我的美国同胞们，不要问你们的祖国能为你们做些什么，而是要问你们能为祖国做些什么；全世界的同胞们，不要问美国能为你们做些什么，而是要问我们大家共同能为人类的自由做些什么。"

肯尼迪的经历不算丰富，比较耀眼的就是他在"二战"期间加入了海军，担任了109号鱼雷艇的艇长，在一次遭遇日本军舰的撞击中，鱼雷艇沉没，肯尼迪则奋不顾身救起受伤的战友，游到一个荒岛上，度过了艰难的六天六夜。利用这段经历，肯尼迪成立了"海外战争退伍军人分会"，并亲自担任会长。他的父亲又用金钱使他当选为全国海外战争退伍军人协会年会的主席，赢得了不少退伍老兵的选票。

肯尼迪竞选中的政治主张与他的对手最大的不同，就是强调改革、创新和责任。他说："我们是否已经准备好了接受这些挑战——未知的科学与空间领域，未解决的和平与战争问题，尚无解决方案的贫困与过剩的课题？整个世界都在观望着我们会怎么做，我们不能辜负他们的信任，我们不能不直面挑战。"他的这种锐意开拓进取的主张，使报纸舆论纷纷称赞他树立了美国新一代“代言人”的形象。

在金钱、女性、演技、经历、主张等肯尼迪胜选的五个选项中，前三项属于非理性因素，后两项则属于理性因素。从理论上来说，选举的标准主要是能力、业绩和主张，经历能够反映一个人的能力和业绩，主张能够表达一个人对现实和未来的看法。这些才是政治选举的本质要求。而金钱、女性、演技本来只应该是政治选举的点缀品，但面对充满七情六欲的鲜活众生，点缀品往往变成必备品，次品倒置为正品。有多少人是凭着理性去投票，又有多少人是由着非理性去投票，亘古及今，谁能数清楚？选举就是理性与非理性相互交织的一种过程、一个结果。

正是因为选举是理性与非理性并存，各国才把有些官职交给选举，而有些委任产生；正是人类要承担选举非理性的必要代价，丘吉尔才会无奈地说，民主不是个好东西，但我也没有找到比它更好的东西。

第二辑

中国法律智慧从何处来

执念

“人非圣贤，孰能无过”的法理缺陷

“人非圣贤，孰能无过”造成了“圣贤崇拜”和“权力崇拜”，导致经学思维方式压抑自然科学的发展以及权力缺乏约束。历史上的“圣贤”都有过错；因为圣贤拥有权力，也容易产生过错。

西方人在基督教文化的影响下，认为只有上帝全知全能、永远正确，不会犯错。除此之外，任何人都因人类的祖先亚当和夏娃不听上帝的话，偷吃了伊甸园智慧果而负有“原罪”，都会出错。中国传统文化与西方基督教文化不同，头上没有一个高悬的上帝，而是认为人类中的“圣贤”犹如西方人的上帝，先知先觉、事事无误，而圣贤之外的其他人则后知后觉，甚或不知不觉，从而不能免错。用国人常用的一句话来说，就是“人非圣贤，孰能无过？”

“人非圣贤，孰能无过”这句话的积极意义，是劝谕人们不要怕犯错误，而要努力知错就改，能改就好。但在看到它的积极意义的同时，也要看到它的时代缺陷，即：它设定了一个错误的前提，或者说它提出了一个错误的理念，那就是“圣贤”之人不会犯错。

认为“圣贤不会犯错”很容易带来“圣贤崇拜”，妨碍我们对历史人物予以一分为二的正确评价。例如，孔子长期被古人视为“圣人”，他本人被神化，其学说不容置疑。“罢黜百家，独尊儒术”阻碍了真正的百花齐放、百家争鸣、推陈出新，尊经、读经而形成的经学思维方式压抑了自然科学的发展。

认为“圣贤不会犯错”很容易导致“权力崇拜”，干扰权力必要制约体制机制的建立和运行。古人所言的“圣人”大体有四类，一是诸如尧、舜、禹、汤那样的“先王”；二是虽未成王、但堪比圣王的“素王”孔子；三是没有特指，而是憧憬勾勒的品行高尚的理论上的圣人；四是当朝帝王。古代思想家除极少数人能够以“圣人”理想化的标准来批评时任帝王的胡作非为之外，多数思想家都有意无意把时任帝王“圣人化”。所以，当代学者刘泽华先生说：“王、圣同体两千年”，即：圣人与现实的帝王合为一体。例如：

帝王的尊称为“圣上”“圣皇”“圣王”“圣明”“圣仪”“圣驾”“圣主”“圣帝”等。

帝王的命令称为“圣旨”“圣令”“圣谕”“圣策”“圣诏”“圣训”“圣敕”“圣诲”等。

帝王的决断称为“圣裁”“圣断”“圣决”等。

帝王的感官与智力都以圣来形容，如“圣览”“圣听”“圣问”“圣聪”“圣谋”“圣虑”“圣意”“圣猷”“圣略”“圣思”“圣心”“圣鉴”等。

“圣人”不会犯错观念与法治理念是格格不入的。法治理念认为，任何人如果没有一定的制度约束和社会经济文化条件作保证，都难保不会出错、犯罪，制定惩罚性的法律规范就是以假定人可能会犯罪的前提条件出发的，法律约束所有人的行为，而重点是约束掌握公权力的人，因为后者违法行为要比前者影响面广、危害大。

最后还有一个问题存疑待考：多数论者都说“人非圣贤，孰能无过”出自《左传·宣公二年》：“人谁无过，过而能改，善莫大焉”，但《左传》这里所言明明是“人谁无过”，而非后来流行的“人非圣贤”。究竟何时、经何人之手，“人谁无过”变成了“人非圣贤”？这一变非同小可，把圣人变成了全知全能、永远正确的人间“上帝”。

隐私
透视中国年龄文化

年龄文化是中国独有的一种文化。它在带来尊老爱幼等良好社会风尚的同时，也暴露其时代缺陷：一是过度用社会性压抑人的私权；二是有过度论资排辈的倾向。

西方人对自己的年龄是非常保密的，见面不能随便问及。尤其是女性 24 岁之后就再也不会把自己的真实年龄告诉别人了。中国人过去没有这一习俗，不介意询问年龄。可以直接地问对方：（问老人）高寿几何？（问女孩）芳龄几许？（问一般人）敢问贵庚？也可以拐弯抹角地问：您哪年读小学的？得到答案后，只要简单地加以推算，即可获知对方年龄。

中国人见面不仅可以问年龄，而且还给不同年龄赋予了西方人所没有的林林总总的称谓。例如：人初生叫婴儿，不满周岁称襁褓，2 至 3 岁称孩提；男孩 7 岁称龆年，10 岁以下称黄口，13 岁至 15 岁称舞勺之年，15 岁至 20 岁称舞象之年；女孩 7 岁称髫年，12 岁称金钗之年，13 岁称豆蔻年华，15 岁称及笄之年，16 岁称碧玉年华，20 岁称桃李年华，24 岁称花信年华，出嫁年龄称摽梅之年；男子 20 岁称弱冠，30 岁称而立之年，40 岁称不惑之年，50 岁称知天命之年，60 岁称花甲或耳顺之年，70 岁称古稀之年，80 岁称杖朝之年，80 至 90 岁耄耋之年，100 岁为期颐之年。另外，还有称童年为总角或垂髫，称青少年为束发，女子待嫁称待年或待字，称老年为皓首或白首，称长寿老人为黄发，0~20 岁为夭折，21~30 岁为短寿，31~40 岁为强寿，41~50 岁为艾寿，51~60 岁为周寿，61~70 岁为稀寿，71~80 岁为耋寿，81~90 岁为耄寿，等等，不一而足。与西方讳言年龄相比，中国则存在一种独特的“年龄文化”现象。

中国古已有之的年龄文化，具有很多优点。一是体现了中华民族的敬老传统，如古稀之年意指要珍重老人，杖朝之年是指允许 80 岁老臣拄着拐杖上朝，期颐之年是指这时饮食起居期有待子孙奉养照顾了；二是体现了中国对增进人的社会化程度的重视。从婴儿、襁褓、孩提（指可以举抱了）、龆年（换牙齿了）、黄口（指还像黄嘴小鸟那样不成熟）、舞勺之年（指可以习舞）、舞象之年（指可以习武）到弱冠（指可以当兵服役），女性从髫年（还没有发型）、金钗之年（有固定发型了）、及笄之年（有特定发夹了）、碧玉年华（月经始来）到摽梅之年（女子该嫁了），显示了一个人怎样从一个自然人变成了社会人，而孔子提出的而立、不惑、知天命、耳顺等更是表现了对增进人的社会化程度的追求。

但时至今日，古已有之的年龄文化也日益暴露其时代缺陷。一是过度用社会性压抑人的私权。年龄属于人的隐私，不要随便问及是为了防止年龄歧视，损害平等原则。二是有过度论资排辈的倾向。费孝通先生认为中国过去是乡土社会，由长老按传统习惯处理日常问题。重视年龄旨在区分长幼，长幼之序则是长老管束后生的依据。但在现代社会，各个年龄段的人各有其长，要发挥好各个年龄段的人的作用，既要老有所为，又要奖掖后进。大家坚持真理，平等相待，互补共进。

区别
家文化才是中国传统文化的核心

中国古代思想家创造了丰富的家的理论，思想家们也大都椿萱并茂，结婚生子，具有正常的家庭生活。这与西方许多思想家轻视家庭、没有正常家庭生活是不同的。

中国传统文化与西方传统文化的根本区别是什么？最常见的说法是“天人合一”（中国）与“天人相分”（西方）、“内倾”（中国）与“外倾”（西方）、“人本位”（中国）与“神本位”（西方）等。我对这些都不持异议，但觉得家文化才是中西文化的根本差异。

第一，西方没有家文化的历史传统，而中国则有。家在西方古希腊神话中是一种非常负面的东西。赫西阿德与荷马讲述的诸神家谱和人类英雄之家的故事，充斥着乱伦、通奸、杀子女、弑父母、父子夫妻反目、兄弟相争相残等等消极现象。而关爱、和谐、温暖、谦让等等人类家庭中常见的正面形象，则甚为罕见。古希腊思想家柏拉图在《理想国》中提出为了城邦而废除家的主张，亚里士多德在其《政治学》中仅仅把家当作一种财产看待，与中国古人把家看作居住、丧葬、迁徙、械斗、生产等内涵丰富的一种社会组织的观念，相去甚远。奥地利学者赖因哈特·西德尔在《家庭的社会演变》一书中说“直到近代历史的早期，欧洲人还没有血缘家庭的概念，只好用‘有老婆和孩子’这一说法来转述。”

与西方不同的是，中国则具有丰富的家文化传统。单是《汉语成语大辞典》记载的涉及家的成语就有46条。

第二，西方基督教削弱了世俗的家文化的培育和发展，中国的家文化则抑制了宗教的发展。学者杨效斯曾经指出，由于古希腊、罗马世俗家庭文化薄弱，基督教拟制的“家”文化乘虚而入：圣父（上帝）先于生父；神父亦称“父亲”。圣母先于生母，修女称为“姐妹”。耶稣说：“凡遵行上帝旨意的人，就是我的弟兄姐妹和母亲了。”因此，西方的家观念长时期是由教会与世俗之家混合而成。教会之家对世俗之家的补充、保护性远不及其异化与破坏性。亚伯拉罕杀子祭神的故事，是以亲情作为信仰的牺牲的典范，凸显了追求世俗性家庭幸福与出世性神圣幸福的根本冲突。当代西方基督教关于“家庭价值”的大声疾呼，其动机主要在于对世俗化进行声讨。其逻辑是：世俗化导致家庭价值衰落，故人们只有回归教会，才能恢复家庭价值。基督教这种主张实际上抑制了西方世俗而发达的家文化的发展。

与西方不同的是，中国根深蒂固的家文化抑制了宗教的发展。史学大师范文澜早就指出，中国本土没有国外一神教的主要原因就是儒家文化的发达，而儒家文化最强调的就是修身、齐家。本土道教既要敬神仙，还要敬祖宗。

第三，西方思想家长期缺乏对家文化的关注与研究。早有论者指出，在一定程度上，一部西方哲学史，就是家庭概念在其中短期出现后逐步消失的历史。从柏拉图的《理想国》到罗尔斯的《正义论》，甚至本应站在母亲——妻子一边为家说话的女权著作，多数都对家抱持忽视、怀疑、贬低的态度。这与许多西方思想家幼年缺父少母、成年后保持单身、缺少正常家庭生活密切相关。失去母亲或父亲，霍布斯是在幼年，康德是13岁，黑格尔是11岁，伏尔泰是7岁，斯宾诺莎和莱布尼茨是6岁，桑塔亚那是5岁，尼采是4岁，巴斯卡是3岁，休谟与罗素是2岁，笛卡尔和萨特是1岁，卢梭与蒙田则不足1岁。赫拉克利特、柏拉图、笛卡尔、斯宾诺莎、莱布尼茨、康德、叔本华等都没有结过婚。

与西方不同的是，中国古代思想家对于家文化有大量的著述，创造了丰富的家的理论，思想家们也大都椿萱并茂，结婚生子，具有正常的家庭生活。

因此，把握中西文化之别，首看家庭文化。

适度
国学传播须防止伤害法治

以儒学为主要内容的国学存在诸多与现代法治的冲突，只有坚持用现代法治思维方式审视国学、传播国学，才能真正科学地找到国学与社会主义核心价值观的结合点。

近年来兴起的“国学热”，在弘扬传统文化精华方面功不可没。但国学内容大都产生于古代社会，不可能不打上深深的维护自然经济、宗法社会和专制政治的烙印。如果不进行一番去伪存真、去粗取精的辨析工作，很难不伤害当前我们正在努力建设的中国特色的社会主义民主法治。这里以儒学为例来对此略加说明。

国学中的主要内容是儒学，而儒学与现代法治精神存在许多对立，主要有如下数端：

第一，儒家信奉性善论，用泛道德主义思维处理问题，是一种“内倾文化”而忽略外在约束；而现代法治则假定人性善恶兼具，因而重视用法治约束人性之恶，张扬人性之善。

儒家认为人性本善，仁义礼智是人心固有，治世之道是“修身、齐家、治国、平天下”这样一种泛道德主义的外化过程。所谓泛道德主义，是指道德无所不能，其他规范和学科都是道德的婢女。由此而来的治国方略是德治、礼治和人治，德治崇尚道德教化，礼治崇尚尊卑区别，人治崇尚榜样示范，而法律只是辅助德治、礼治和人治的工具，可有、可无，可行、可不行，可因人而异，可随时变通。儒家试图通过道德教化去让人们发扬自己固有的善性，心悦诚服地顺从国家的纲常礼教（等级制度）。

现代法治认为人一半是天使，一半是魔鬼，主要通过外在法治的约束，加上宗教、道德的引导，使人们保留天使的善性，遏制魔鬼的恶性。法治不把长治久安主要寄托于人们发扬内心的善性，而把法律作为保持国家正常运转、社会和谐发展的主要手段。因此，法治一是强调法律的权威性，即在宗教、道德、社团纪律等所有社会规范中，它的地位最高，其他规范皆不能凌驾其上；二是强调法律的普遍性，即法律面前人人平等，任何人都不能践踏法律。尤其是遇到掌权者意志和法律冲突时，前者必须向后者低头，所谓“风能进，雨能进，国王不能进”；三是强调法律的公开性，人人可知，不能秘不示人，恩威莫测。

第二，儒家主张义务本位，人人都是履行义务的主体，不能主动争取自己的利益，而要靠政府恩赐和别人行善获得；法治则主张权利本位，认为权利是做人的资格，其实质是自由。人首先要拥有权利，才能去谈履行义务。妨碍人们实现权利的阻力，往往首先是公权力的滥用，其次是他人的侵害。因此，人们要防范公权力的越界，排除他人的侵权。“为权利而斗争”是法治的一个响亮口号。

“三纲五常”是汉代以后儒学的核心。“君为臣纲”就是君叫臣死，臣不得不死；“父为子纲”就是父要子亡，子不得不亡；“夫为妻纲”就是要求女子“未嫁从父，既嫁从夫，夫死从子”，“五常”（仁义礼智信）也都是义务要求，这里根本没有人们权利的规定，强化的是专制权力。而现代法治的基本要求正好与之相反，它保障权利，抑制公权。先有权利，才有公权；先有权利，才有义务。

第三，儒家主张贵贱有别，法治主张人人平等。儒家重视礼制、礼仪、礼教，这“三礼”用一句话来说，就是“礼所以别贵贱”。因此要“礼不下庶人，刑不上大夫”。而现代法治正好与之相反，它非常强调法律面前人人平等，坚持不懈地反对一切特权，不屈不挠地反对一切歧视。

既然以儒学为主要内容的国学存在诸多与现代法治的冲突，那就需要我们坚持用现代法治思维方式审视国学、传播国学，防止旧的拖住新的、死的拖住活的，真正科学地找到国学与社会主义核心价值观的结合点。

尊重

标语能否充满人文关怀?

制作标语要凸显人权价值和人文关怀，不要生硬无情，轻视人权。

如果把秦朝陈胜起义中制作的帛书“大楚兴，陈胜王”视为中华大地最早标语的话，那么，标语已陪伴国人两千多年了。它简洁明快，通俗易懂；指引方向，说明时事。人们往往在不知不觉中，被标语裹挟前行。

正因如此，制作标语要凸显社会主义核心价值观，特别是要注意尊重人性化。因为过去我们在这方面是有经验教训的。2012 年国家人口计生委宣传教育司司长张建曾说，计划生育初期，为了严格控制人口数量，各地编了许多严厉的标语。那些冷漠、强制甚至含有恐吓意味的标语，激起群众的反感和抵触情绪，引发了大量矛盾和纠纷。随着以人为本理念的确立，我国人口计生工作由“管理型”向“服务型”转变，计生标语逐渐由冷变热，由命令禁止转向倡导提示（《计划生育标语变亲切了吗？》,《人民日报》2012 年 2 月 24 日）。

报章报道当年那些冷漠、强制的标语有：

“人死债不欠，父债子来还！”这条标语本意是提醒农民不要拖欠农业贷款，讲信用，但如果儿子和父亲同为借贷者、或儿子愿为担保人，当然要一道履行还债义务；如果儿子不是借贷者或担保者，凭什么要父债子还？不能搞封建株连。

“不娶文盲妻，不嫁文盲汉！”鼓励人们学习文化无可厚非，但不能以此就否定公民婚姻自由的权利。宪法、婚姻法等没有规定文盲不能结婚。

“养女不读书，不如养头猪！”难道人还不如猪吗？这明显有损害女孩人格的倾向。

“坦白从宽，回家过年；抗拒从严，牢底坐穿。”鼓励犯罪嫌疑人坦白从宽无可非议，但“回家过年”、“牢底坐穿”没有法律依据，会误导人。

“横卧铁轨，不死也负法律责任。”卧轨自杀行为从理论上讲是危害公共交通安全的违法行为，它会造成列车突然刹闸，引起车内人员受伤、物品损害等，妨碍他人的出行权和公共交通运行秩序。但从人性化劝说的角度来看，这条标语的口气可软、柔一点，劝其既要珍惜自己生命，更要珍惜他人生命，尊重列车安全运行。

“偷税漏税，来世罚作尼姑。”尼姑和其他公民一样享有人权，这条标语明显地歧视尼姑，实不足取。

“国家兴亡，匹夫有责；计划生育，丈夫有责。”这里只突出“丈夫有责”，暗藏了丈夫地位高于妻子，计划生育由丈夫一人说了算的意思。这与“男女平等”的法律精神相冲突。

“宁添十座坟，不添一个人。”以不惜死人来搞计划生育，有对生命不够尊重的倾向。计划生育是要提高国民整体的生命生活价值，不是不尊重生命。

“宁要家破，不让国亡。”国家推行计划生育是兼顾集体人权和个体人权的和谐，实现社会人类的可持续发展。而这条标语容易让人觉得计划生育是忽视个人权利。

“通不通，三分钟；再不通，龙卷风！”做计生对象的思想工作需要动之以情、晓之以理，而这条标语会给人做工作简单粗暴的感觉。

“谁不实行计划生育，就叫他家破人亡。”这条标语既不符合国家计划生育的本意，又对生命不够尊重，且缺乏法律依据。

“一人超生，全村结扎！”大家互相提醒遵守计划生育义务，是应该的，但以“全村结扎”相威胁，显然不妥。

“宁可血流成河，不准超生一个”。这条标语有对生命不够尊重的倾向。

“该扎不扎，房屋倒塌，该流不流，扒房牵牛”。这条标语有侵犯公民财产之嫌。

“逮着就扎、跑了就抓，上吊给绳、喝药给瓶”。这条标语的后两句对生命很冷漠。

从 2007 年开始，国家人口计生委开展了不断清理一些不合时宜的计划生育标语的行动，并特意向社会推荐了一些充满人文关怀的标语，如：

低生育，素质好，男女都是宝。

地球妈妈太累了，再也擎不起太多的孩子出生。性别源于自然，人为选择有害。社会标语，是展示给国人和外宾的一张名片，制作者任重道远。

智慧
创造富有时代性和民族性的中华礼仪

推进中华民族优秀道德观念的礼节仪式化，需要把握三个方面：一是注意弘扬中华民族礼仪传统中的热情、责任、敬老精神；二是注意借鉴现代西方礼节仪式中的科学、平等、人权精神；三是融通古今中外，推出具有时代性、民族性的中华礼仪。

道德建设的历史经验告诉我们，一个重要的价值观念要想具有普遍性、持久性和权威性，主要靠四种东西来实现。一是一个通俗易懂和较高权威的教义读本；二是政府、制度的支撑；三是社会化的礼节仪式；四是体现价值观念的人格化示范队伍。今天的目的是在于推进一些中华民族优秀道德观念的礼节仪式化真正“飞入寻常百姓家”。

我觉得，推进中华民族优秀道德观念的礼节仪式化，需要把握三个问题：第一，注意弘扬中华民族礼仪传统中的热情、责任、敬老精神。一要注意弘扬中华民族热情好客精神，正如孔子所说："有朋自远方来，不亦乐乎？"有接风宴，还有饯行宴，宴请伴随载歌载舞，喝酒通过酒令让客人参与其中，想方设法让客人吃得高兴。而西方祝酒仪式结束后，基本上就是自斟自饮。二要弘扬中华民族社会责任心精神。西方婚礼中的男女誓词体现的都是男女双方当事人之间的婚后责任，与国家社会无关，与父母双亲无关。而我们中国一般的婚礼誓词是男女双方要"一拜天地，二拜高堂，夫妻互拜"，这里的天地实际是指国家社会，高堂是指父母双亲，这表明夫妻双方不仅要有互爱责任，同时对国家社会、父母双亲也负有责任。三要弘扬中华民族尊老敬贤精神。一般四十岁之后要开始举办寿诞礼，春节要回家与老人团聚，春节早晨要对长辈行跪拜礼，第一碗饺子要送给家中辈分最高者。而西方人从不愿说自己年龄，也没有敬老活动。第二，注意借鉴现代西方礼节仪式中的科学、平等、人权精神。一要注意弘扬西方礼节仪式中的科学精神。例如，在饮食方面，西方人实行分餐制，中国人实行共享制，事实证明，分餐制是讲卫生、防治疾病传染的良好方式，不分餐的共享制是病从口入的重要渠道。二要注意弘扬西方礼节仪式中的平等精神。例如，美国老师上课的基本习惯是把一堂课分为两半节：上半节老师提出问题或该课的内容；下半节，老师让学生围绕问题进行讨论，由学生自由发言。老师会肯定每一个学生的表现，然后提出自己的观点或结论。三要注意弘扬西方礼节仪式中尊重私权精神。例如，美国人十分讲究"个人空间"。谈话时习惯于两人的身体保持一定的距离。一般是在 120~150 厘米之间，最少也不得小于 50 厘米。行走于街巷时，不得窥探别人院落，更不得未经许可进入私家宅院。第三，融通古今中外，推出具有时代性、民族性的中华礼仪。一是不要盲目崇拜西方，妄自菲薄。虽然西方的礼节仪式大体具有推崇平等、科学等特点，但也不是每个礼仪都如此。例如，在注重礼仪的科学性方面，西方的亲吻礼还不如中国的揖让之礼讲卫生。西方的见面握手之礼也容易互相传播疾病，没有多少科学性。中国古代人们日常见面既要态度热情，也要彬彬有礼。如何与不同身份的人相见，都有一定的规矩。比如一般性的打招呼，在传统上行拱手礼。这些礼仪都做到了身体部位互不接触，有效防止疾病传播，比西方亲吻、握手等礼仪要科学。二是要注意兼取中西礼仪之长。这方面不乏成功事例。例如，在饮食礼仪方面，西方人的分餐制较科学，中国人的共餐制较有人情味，结果演进下来，现在就出现了有自用筷、有公用筷；或一人两双筷，一入自已口，一用夹菜肴；小菜共用，其他菜分食，等等，这些礼仪吸纳了中西饮食礼仪之长，体现了中国人的智慧。

存疑
古代儒学在民间居于主导地位吗？

学界主流认为，儒学不仅是精英阶层的书斋理论，还是“百姓日用而不知”的准则和指南。但是从民谚反映的民间文化“小传统”来看，他们和儒学基本价值观念冰炭难容。

学界主流意见认为古代社会的儒学不仅在官方意识形态中居于主导地位，即使是在民间文化里也是中流砥柱。李泽厚先生说，宋明以来儒学已进入民间世俗中的各种族规、家训、乡约、里范以及《三字经》《千字文》《增广贤文》等流行作品中，显现儒学不仅是精英阶层的书斋理论，还是“百姓日用而不知”的准则和指南。余英时先生也说，自汉代以来，一大批所谓“循吏”、“儒林”向广大民众推行“教化”，逐渐变为社会的普遍意识，所谓“以礼化乡里”、“邑里化之”。笔者作为他们的后学，曾经对此深信不疑。但自从研究民间谚语之后，却感到前辈“智者千虑，或有一失。”现斗胆质疑如下：

儒学按照李厚泽先生的说法，其一大特点就是不同于西方“罪感文化”的“乐感文化”，具体说，就是相信人性本善，“人皆可以为尧舜”（《孟子》），“途之人皆可以为尧舜”（《荀子》），“满街都是圣人”（禅宗）。按照余英时先生的说法，儒学也是一种“内倾文化”（因为内心善良，所以向内开掘）。最能反映民间文化的民谚，却有大量内容认为人性并非善良、并非可信。例如：

很多民谚认为人性、人情是嫌贫爱富，而不是儒家的“泛爱众”、“不患寡而患不均”：

人情是纸张张薄，世事如棋局局新。

贫在闹市无人问，富在深山有远亲。

不信但看筵中酒，杯杯先敬富贵人。

门前拴上高头马，不是亲来也是亲。

门前放根讨饭棍，亲戚故友不上门。

世上结交需黄金，黄金不多交不深。

纵令然诺暂相许，终是悠悠路行人。

有钱有酒多兄弟，急难何曾见一人。

胜者为王败者寇，只重衣服不重人。

三贫三富不到老，十年兴败多少人。

在官三日人问我，离官三日我问人。

古人不见今时月，今月曾经照古人。

近水楼台先得月，香烟花木易逢春。

贫无达士将金赠，病有高人说药方。

美人卖笑千金易，壮士图穷一饭难。
龙坠浅水遭虾戏，虎落平阳被犬欺。

很多民谚认为人心不可靠，要多加提防。而不是儒家张扬的“性本善”、“人皆有不忍人之心”，“恻隐之心”、“羞恶之心”、“辞让之心”、“是非之心”等人固有之：

谁人背后无人说，谁人背后不说人。
百炼化身成铁汉，三缄其口学金人。
人份伶俐使七分，常留三分与儿孙。
君子落得做君子，小人枉自做小人。
山中自有千年树，世上难逢百岁人。
岂无远道思亲泪，不及高堂念子心。
茫茫四海人无数，哪个男儿是丈夫。
人情是水分高下，世事如云任卷舒。
入山不怕伤人虎，只怕人情两面刀。
知事少时烦恼少，识人多处是非多。
少时总觉为人易，华时方知立业难。
知恩报恩天下少，反面无情世间多。
易涨易退山溪水，易反易覆小人心。
昨日花开今日谢，百年人有万年心。
守口不谈新旧事，知心难得两三人。

很多民谚认为不要实施仁爱、行善心，与儒家张扬的“老吾老，以及人之老；幼吾幼，以及人之幼”不同：

各人生死各人了，管人闲事受人磨。

为人莫作千年计，三十河东四十西。

世事茫茫难自料，清风明月冷看人。

书中有真就有假，世人认假不认真。

很多民谚认为不要出人头地、才华出众，“出头的椽子先烂”，与儒家张扬的“天行健，君子以自强不息”相反：

是非只为多开口，烦恼只为强出头。

人生七十古来稀，问君还有几春秋。

美人绝色原妖物，乱世多财是祸根。

命中只有八合米，走尽天下难满升。

少而寡欲颜色好，老不求官梦也闲。

上述谚语在民间广为流传，雅俗共赏，既是古代文化“大传统”的一部分，更是民间文化“小传统”的组成部分，他们和儒学基本价值观念冰炭难容，因此，我们怎能轻易相信儒学在民间文化占据主导地位呢？一个社会的文化往往是“一元”和“多样”磨合后的并存。

权威
漫谈中国法庭的礼仪之争

司法至上应是三角型诉讼结构的题中应有之义。这种至上性体现于诉讼仪式上，就是全部其他诉讼参与者对法官崇高权威的尊敬。

中国近代以来的法庭礼仪是从西方继受而来。由于中国是一个传统文化积淀深厚的国家，继受过程中不能不受到文化因素的影响。举其大者，一是检察官和法官庭审时的座位，二是法官步入法庭时，检察官是否需要和他人一样起立致敬。

关于检察官和法官庭审时的座位问题，从目前的材料来看，争议起于 1947 年。倪征燠先生在《淡泊从容莅海牙》一书说，这一年他参加了民国政府司法行政部召开的一次全国司法行政会议，会上他被应邀作一出国考察报告。倪征燠提到，检察官是公诉人，严格地讲，他是刑事诉讼中当事人的一方，即使说他代表国家，不同于一般当事人，但总不能与推事（法官）并坐，高高在上，给人印象，好像检察官说了，就可以算数。因此倪征燠建议检察官在法庭上的座位，应当有所改变。这几句话伤害了几乎占到会议出席人一半的检察官的感情。当时担任最高检察长的郑烈首先表示异议。他大声说，民国初年，各地设审判厅和检察厅，地位对等，国府成立以来，审判庭改成法院，法院内设检察厅，首长称首席检察官，地位已经下降，如再考虑改变检察官在法庭上的座位，那将真是每况愈下云云。接着又有几位检察官发表类似意见。倪征燠的建议就此搁浅没有进一步讨论下去。

这一问题在审理林彪、江青反革命集团一案之后再度被提起。1996 年笔者作为《法学》杂志的总编，到武汉拜访马克昌教授。我是他老人家的小同乡，乡音绕耳，亲切随意，聊了很多学界往事。其中谈到他参与过的审理林彪、江青反革命集团案件。他说，由于那时很多人对法律制度不熟悉，出现了一些令后人感到可笑的事情。例如，法庭的位置安排，原本安排法官居于上方中心，辩方和控方坐在两边，但一位老资格的领导检察官开庭前来看了一下，说我和审判长（也是一位老资格的领导法官）哥俩情深，并肩奋斗几十年了，怎么他坐中间，我坐一边呢？快把我的位置和他摆在一起。这样大家在电视里就看到法官和检察官并排而坐的镜头了。

我对马老说，华东政法学院的副院长曹漫之教授当时受组织安排，去旁听了审理林、江反革命集团案件，也看到了这一现象，曹老回沪后给学生们作关于审判林彪、江青反革命集团案件情况的报告时，就直言不讳地说这样的法庭位置安排不甚妥当，和国际惯例不一样。结果被人打了小报告。北京有位领导觉得曹老不该公开这样讲，要求处分他。但上海方面的领导觉得曹老“文革”后刚刚被平反不久，马上再处分也似乎有点不妥，再说曹老既是位老革命，也是位法学家、大学教授，他进行学术点评也不显得过分。所以最后不了了之。

约在1992年之后，由于强调庭审中法官的中心地位，在法庭位置方面，最高法院作了一个规定，正中前方法官的法台法桌、法椅要高于辩方和控方的法桌、法椅。这在当时引起了一些地方检察官的不高兴，有些地方的检察官出庭时在包里放几块砖，进入法庭后把自己的桌子、椅子垫高一点。

关于检察官庭审时要不要起立致敬问题，大约发生于1997年。这一年最高法院的一个文件规定法官步入法庭时，检察官应起立致敬，一些地方检察官心里不舒服，个别甚至拒绝出庭，最后和法官达成共识：除检察官以外的诉讼当事人和旁听人员都进入法庭坐好后，检察官和法官再同时步入法庭，书记员喊起立，这样检察官就可以回避掉向法官起立致敬这个环节。

时任成都军区军事检察院检察长的龙宗智在《检察官该不该起立》一文中把这一问题挑明了，他从学理上并不否定检察官起立的必要性，但认为在宪法、法律的规定中，检察权和审判权地位平等，要检察官起立没有制度依据；作出检察官起立规定的是最高法院的文件，应属越权行为；法官素质参差不齐，还不具备让人们起立的条件。

从法理上看，所谓诉讼，是在一定社会冲突的基础上当事人要求法院裁决其争端的过程和行为。在控、辩、审三方组合的三角型诉讼结构中，法官超越诉、辩方而居于结构顶端，对诉讼过程具有权威性影响和决定性作用。这种至上性不仅体现在审判最终决定起诉与辩护的命运，而且体现于法官在审判过程中的诉讼指挥作用，同时还体现于审判方对整个诉讼过程的影响包括评判控方和辩方的诉讼行为，从而规范双方的活动，因此，司法至上应是三角型诉讼结构的题中应有之义。这种至上性体现于诉讼仪式上，就是全部其他诉讼参与者对法官崇高权威的尊敬。

综观各国，法庭布局中法官居于正中前方，辩、控双方分坐两旁；法官步入法庭检察官起立致敬是一种普遍的法庭仪式，中国采用国际惯例，并无不妥。过去发生的种种争议，症结在于是否因为传统的“宁为鸡头、不为凤尾”的爱面子观念，而拒纳科学的三角型诉讼结构以及法官居于三角型诉讼结构顶端地位？拒认审判权是终局权？

抉择
专制腐败使法律精英弃蒋投共

1949 年国、共两党决胜前夕，中国的法律精英们弃蒋投共的原因有三：第一，无法容忍国民党政府的腐败和专制；第二，坚守爱国情怀。第三，受新民主主义理论的感召。

毛泽东有句名言：除了沙漠，凡有人群的地方，都可以分左、中、右三部分。1949 年国、共两党决胜前夕，中国的法律精英们也正是呈现追随共产党、信仰马克思主义的左翼；紧跟蒋介石、信仰其“一个党、一个主义、一个领袖”专制主义的右翼；以及介于这两者之间，既不信仰马克思主义、也不信仰蒋介石那一套的中间知识分子这三部分。客观地说，当时左翼和右翼都是少数，而多数则是中间立场的知识分子。

然而，当尘埃即将落定，法律精英们必须在大陆、台湾和第三地之间作一抉择时，一个显而易见的事实是：法律精英中的左翼和中间汇聚在一起，抛弃蒋介石，投向共产党。

例如，中央研究院的院士是蒋介石“抢救大陆学人”至台湾计划的重点，但在1948年当选的国立中央研究院第一届院士81人中，法律学方面的院士正式候选人有王宠惠、王世杰、燕树棠、郭云观、李浩培、吴经熊等六人，其中燕树棠、郭云观、李浩培三人留在了大陆，吴经熊去了美国，而到台湾的只有王宠惠、王世杰两人。政治学方面有院士正式候选人周鲠生、萧公权、钱端升、张奚若、张忠绂等五人。留在大陆的有周鲠生、钱端升、张奚若三人，萧公权、张忠绂两人去了美国，没有一人去台湾。最后当选为院士的是王宠惠、王世杰、周鲠生、钱端升、萧公权等五人，其中周鲠生、钱端升两人留在大陆，萧公权去了美国，王宠惠、王世杰去了台湾。

再如，《中华法学杂志》1936年起成为中华民国法学会主办的学术刊物，由中华民国法学会编委会编辑。中华民国法学会编委会，在不同阶段均由法政各学科的著名专家组成：夏勤（诉讼法学，曾任主任委员）、盛振为（民法学与证据法学，曾任副主任委员）、吴祥麟（即吴绂征，宪法学，曾任主任委员）、江一平（宪法学）、王龄希、燕树棠（法学理论）、卢峻（国际私法）、楼桐孙（法学理论与民法学）、管欧（行政法学）、费青（法学理论与罗马法）、何襄明（法学教授）、陈丕士、陈霆锐（英美法与商法等）、吴经熊（法哲学）、吴学义（诉讼法学）、吴传颐、李浩培（国际法）、史尚宽（民法学）、林纪东（宪法学）、芮沐（民法学）、洪兰友、洪文澜（民事诉讼法学）、张企泰（民法学）、张志让（法学理论与宪法学）、张庆桢（法制史与刑法学）、孙晓楼（法学教育与劳动法）、查良鉴（国际私法）、梅仲协（法学理论与民法学）、杨兆龙（法学理论）、杨幼炯（政治学与宪法学，曾任副主任委员）、戴修瓒（民法学）等。学界目前公认，该编委会聚集了当时法政学的名流俊杰。

在上述31人中，留在大陆的有15人；去美国的有一人；下落不明的有一人。

法学、政治学不像自然科学那样离政治较远，因此，上述民国时期的法律精英们大都在政府里担任一定公职或曾经担任公职，按理来说应和政府走得较近，而且根据历史记载，他们大都是蒋介石“抢救大陆学人”（去台湾）计划中的重点对象，此外他们也有到香港或国外工作的机会。但他们为何最终弃蒋投共、甚或为此成为蒋介石的通缉对象（如杨兆龙）呢？限于篇幅，我择要简述如下：

第一，无法容忍国民党政府的腐败和专制。盛振为教授生前曾对笔者叙说当年他为何拒绝蒋介石邀请他去台湾的原因，其中一条就是对国民党政府的腐败深恶痛绝。倪征燠先生《淡泊从容莅海牙》对抗战胜利后国民党接收大员们“五子登科”、政府效率低下等腐败现象有详尽描述。对蒋介石拼命鼓吹的“一个主义、一个党、一个领袖”等专制独裁理念，大部分法律精英们难以认同。如1948年蒋单独召见夏勤，要他在最高法院成立“特种刑庭”。“特种刑庭”可以完全不依照法律程序，对共产党人和民主人士妄加罪名，摧残迫害，所以夏勤没有按照蒋的指示组建“特种刑庭”，不久，蒋即派军统特务来泰州调查夏勤在当地所经营的商业情况，企图罗列罪名。夏勤获悉后，乃主动呈请辞职，当即被免去最高法院院长职务。

第二，坚守爱国情怀。如1949年燕树棠先生拒绝南京政府送来的机票，选择留在大陆，他告诉家人，“我一辈子爱国，共产党不会杀我，我不愿意躲在外国军舰上当‘白俄’，改朝换代总还是要用人的”。盛振为也有此种想法。

第三，中国共产党高举民主、法治和人权大旗，和国民党作斗争，取得了不少法律精英们的好感。如杨兆龙、韩德培等前辈当时都阅读过毛泽东的《新民主主义论》、《论联合政府》等，重庆谈判期间美国记者问毛泽东：“中共对‘自由民主的新中国’的概念及界说为何？”毛泽东答曰：“‘自由民主的中国’将是这样一个国家，它的各级政府直至中央政府都由普通平等无记名的选举所产生，并向选举它们的人民负责。它将实现孙中山先生的三民主义、林肯的民有民治民享的原则与罗斯福的四大自由。它将保证国家的独立、团结、统一及与各民主强国的合作。”毛泽东的这一回答博得了大部分法律精英的掌声。可以说，重庆谈判是毛泽东在法律精英们心目中形象超过蒋介石的转折点。

无常
成语折射的国人恐惧心理

汉语成语中透露的祸福无常的国人心理，需要随着经济文化，尤其是民主法治的不断进步而慢慢消亡。法律必须公之于众，立法、执法和司法公开透明，正义以看得见的方式实现。

汉语成语中有不少显示国人祸福无常的恐惧心理。兹据《汉语成语大辞典》略举数例：

祸不旋踵，意思是灾祸很快来临。《北齐书·袁聿修传》载："及在吏部，属政塞道丧，若违忤要势，即恐祸不旋踵，虽以清白自守，犹不免请谒之累。"五代王定保《唐摭言·慈恩寺题名游赏赋咏杂纪》载："座内甚心愧，然不测其来，仍虑事连宫禁，祸不旋踵。"

祸出不测，指灾祸的产生不可揣测。宋代胡仔《苕溪渔隐丛话前集·梅圣俞》："仁宗大怒，玉音甚厉，众恐祸出不测。"亦作"祸生不测"。清代洪昇《长生殿·絮阁》："若不早自引退，诚恐谣诼日加，祸生不测。”

祸从口出，谓言语不慎会招致灾祸。

祸从天降，指祸事突然来临。

祸福无常，指祸与福没有不变的规律。明代孙柚《琴心记·长门望月》：“祸福无常，忧喜难定，圣上一日心悔，娘娘即便荣还，何苦悲凄。”亦作“祸福无门”，《左传·襄公二十三年》载：“祸福无门，唯人所召。”

李泽厚先生曾说中国传统文化是一种乐感文化，那为什么却会出现这样普遍的祸福无常的悲观意识呢？除了农业社会靠天吃饭、自然灾害防不胜防、无穷怪异不得其解等经济、科技不够发达原因之外，最主要的是古代缺少民主法治，专制政治给人们带来了挥之不去的恐惧之感。

法治使人免于恐怖。这是因为法律有明确的规则，人们从规则规定中可以知道自己能做什么和不能做什么，以及可以预知遵守和违反这些规则可能产生的后果；这是因为法律面前人人平等，同样情况同样对待，反对歧视和特权；这是因为法律必须公之于众，立法、执法和司法公开透明，正义以看得见的方式实现。

专制使人惶恐不安。18世纪法国启蒙思想家孟德斯鸠《论法的精神》明确指出，专制政体的原则是恐惧。中国古代虽然有明君贤相的开明政治，但从制度设计来看，专制是国家政治生活的根本原则。从君主到官吏，自上而下，层层专制。与民主法治相比，专制的特征就是统治者运用权力缺乏规则、缺乏透明，臣民们无法预知行为后果，度日如履薄冰。最为典型的当属明朝。清代史学家赵翼的《廿二史札记》记载，明代朝官按制度每天黎明就得上朝，天不亮起身梳洗穿戴。在朱元璋对大臣大开杀戒的日子里，许多朝官在出门之前就和妻子诀别，吩咐后事；若是幸而能够活着回家，便要全家庆贺一番，算是又多活了一天。

在基督教文化中，人类因为其祖先亚当和夏娃不听上帝的话，偷吃了伊甸园里的知善恶树上的智慧果，所以对上帝具有“原罪”意识。而在中国传统文化里，臣民对君主则有另一种“原罪”。在君主面前，臣下自认为是一个负罪者，“待罪”一词成为官僚们任职的形容词或代词。唐代杜牧有一篇议论平定藩镇方略得失的文章，题目就是《罪言》。这是不同于西方人对上帝“原罪”意识的中国式的臣民对皇帝的另一种“原罪”意识。这种“原罪”不是来源于臣下偷吃了皇上苑林里的什么果子，而是一种“君为臣纲”的文化理念。连大儒董仲舒《春秋繁露·为人者天》都说“善皆归于君，恶皆归于臣”。

臣下不仅对皇帝有“原罪”心态，还有随时可以被皇帝处死、或向皇帝主动表示以死相报的“该死”心态。《韩非子·初见秦》云：“为人臣不忠当死，言而不当亦死。”据当代史学家刘泽华先生《中国的王权主义》一书考证，“言而不当亦当死”的理念在战国已成为官场共识。此后在臣下的奏章中，“昧死言”“昧死请”“昧死望见”“昧死再拜”“臣罪当死”等臣下“该死”的用语已成奏章格式化语言。这种心态与“诛心之罪”的刑法规定以及文字狱的流行密切相关。秦朝规定，凡是触犯“以古非今”“偶语诗书”“诽谤”“妖言”等罪条，轻者弃市，重者灭族。《汉律》规定的罪条有非议诏书、非所宜言、诽谤、腹诽、不道、诋欺、不敬等，这些罪条内涵和外延存在很大的模糊性，全凭皇帝的独裁擅断。历朝沿袭不断的文字狱，导致文人们“避席畏闻文字狱，著书皆为稻粱谋”。

臣下对皇帝的这种“原罪”“该死”心态，透露了臣下对皇帝深厚的朝不保夕的恐惧心理。所以然者何？盖因“普天之下，莫非王土；率土之滨，莫非王臣”（《诗经》）；盖因“王之所操者六：生之杀之，富之贫之，贵之贱之”（《管子·任法》）。《孝经》还说：“身体发肤，受之父母，不敢毁伤”，但到了唐代柳宗元却说：“身体发肤，尽归于圣育；衣服饮食，悉自于皇恩。”（《柳宗元集·为京兆耆老请复尊号表》）面对君主手上的生杀予夺大权，臣民如果不是逆来顺受，那就只有畏惧和感恩。

不仅皇帝专制使人产生伴君如伴虎的惴惴不安，众多官吏也大都是“见了狼就变成羊，见了羊就变成狼”的双面人，在下属和百姓面前专横霸道，更使人惶恐不安。

马克思说过：“专制制度的唯一原则就是轻视人类，使人不成其为人。”（《马克思恩格斯全集》第一卷第 411 页）史学家熊月之在《中国近代民主思想史》一书中指出，中国君主专制历史长达 3000 年，欧洲国家君主专制历史一般不满千年，是三比一；中国近代民主思想从产生、发展到成熟，到民主共和国成立，仅 70 年；欧洲从文艺复兴到法国大革命，历时约 300 年，中西对比，是一比四。君主专制的历史是那么漫长，近代民主思想的发展又是这么短暂！汉语成语中透露的祸福无常的国人心理，需要随着经济文化，尤其是民主法治的不断进步而慢慢消亡。我们在解释和使用这些成语时，对其产生的背景及其内涵不能没有一个基本的了解。

真理
莫要牵强附会地以今释古

余英时教授断言中国人使用的“真理”源自西方，自由和平等意识是庄子思想的一大特色。揆诸史实，余先生的这一观点是很值得商榷的。

怎样弘扬古代文化遗产，冯友兰教授上世纪 50 年代提出“抽象继承法”，意思是旧的文化内容从根本上来说产生于旧的时代，为旧的阶级统治服务，因此今天如欲继承，则需否定其具体内容，沿用一些抽象的文化概念（符号），然后注入今天需要的内容。冯先生的这一说法对我们如何“古为今用”，具有非常实在、有用的指导性。冯先生的“抽象继承法”实际上与后来海外华裔学者林毓生先生提出的对传统文化要“创造性地转化”的观点，是多有相通之处的。

然而，迄今学界仍有一些人坚信从传统文化中能够直接找到今天所需要的民主、自由、人权等重要价值观念，例如，前段时间余英时教授说道（见《东方早报》今年 7 月 13 日刊载的《余英时谈治学经历》一文），中国没有西方的概念，但是有着大同小异的意识，不过是从不同角度，并用不同名词表达出来。事实上，中国传统文化中，这一类大同小异或异名而同实的意识俯拾即是，多得数不清。上世纪末他在牛津大学讲“民主、人权与儒家文化”，便是从这一观点追溯中国儒家传统中有关“民主”“人权”的意识。接着他又举出了几个例子来证明自己的观点，但在我看来这些例子是不足以支持他的论点的。

现代“真理”与古代“道”“理”相通吗?

余先生说，“真理”一词虽然是从西方传过来的一个新名词，但陈寅恪说没有独立之思想、自由之精神，便不能发扬“真理”，这“真理”便是传统的“道”或“理”的现代新版。

“真理”的概念虽非中国所固有，但关于“真理”的价值意识却源远流长。

一方面，“真理”一词是源自西方，还是源自佛教、后为中国古代吸纳，并非定论。佛教经典亦有“真理”一词，《妙法念处经》卷三：“愚迷虚妄，烦恼缠缚，障覆真理，令智不起。”南梁萧统《令旨解二谛义》：“真理虚寂，惑心不解，虽不解真，何妨解俗。”唐朝方干《游竹林寺》诗：“闻僧说真理，烦恼自然轻。”宋代钱易《南部新书·辛》：“莫为狂花迷眼界，须求真理定心王。”因此，余先生断言中国人使用的“真理”源自西方，只能是一己之说。

另一方面，今天所言“真理”之涵义绝非传统的“道”或“理”之现代新版。关于传统“道”或“理”的内容，汉代“罢黜百家，独尊儒术”以前，道家之“道”主要讲“无为”，儒家之“道”主要讲“礼治”；汉代“罢黜百家，独尊儒术”之后，无论是“道”或“理”，主要讲的是“三纲五常”，把先秦道家和儒家讲的人伦关系双向相对性变成单项服从的绝对性。而今天所言“真理”，无论其内容如何繁芜，也不会脱离民主、法治、人权、自由等建立在现代市场经济、民主政治之上的基本价值观念要求。如果说古人的“道”或“理”坚持“三纲五常”宁死不弃，与今日人们坚持“真理”不屈不挠是相通的话，那么这样的“发现”几乎是“正确的废话”，因为亘古以来世上绝大多数人都信奉宗教，哪一个宗教不提倡为坚持教旨而宁死不屈？哪一个民族会放弃对自己核心价值观念的坚守而提倡“有奶就是娘”？

古今所谓“自由”“平等”有相通之处吗？

余先生说，自由和平等意识是庄子思想的一大特色。我觉得余先生的这一观点是很值得商榷的。把“逍遥”“齐物”（出自庄子《逍遥游》《齐物论》）解释为“自由”“平等”，认为它们的意思应该差不多，其实不然。

首先，庄子的“逍遥”与现代所说的“自由”的内涵不同。第一，庄子所言的自由“独与精神之往来”，余先生称之为精神自由。但在现代人看来，精神自由必须和言论表达自由相结合，没有后者就不会有前者。但庄子在一则寓言中假托孔子之口说“不要随意改变已经下达的命令，不要勉强他人去做力不从心的事”（《庄子·人间世》）。第二，庄子的“逍遥”是“知其不可奈何而安之若命”，是屈服于君主专制的所谓“内心自由”。《庄子·人间世》一则寓言中，颜回欲去向实行暴政的卫国君主进谏、改变现状，庄子假托孔子之口予以反对，他要颜回应之以“心斋”（视而不见，听而不闻，摒除杂念，心境虚静）；他还假托孔子之口对前来请教如何应对君主的叶公高说：“夫事其君者，不择事而安之，忠之盛也”。而现代社会所言的自由，是建立在民主政治之上的积极性的思想和行动相统一的自由，和君主专制冰火不相容。第三，余先生在文中引用了不少严复的著述，似乎是想说明严复具有古代已有之自由意识。但正是严复在《世变之亟》一文中斩钉截铁地说：“夫自由一言，真中国历古圣贤之所深畏，而从未尝立以为教者也……自由既异，于是群异丛然以生。粗举一二言之，则如中国最重三纲，而西人首明平等；中国亲亲，而西人尚贤；中国以孝治天下，而西人以公治天下；中国尊主，而西人隆民；中国贵一道而同风，而西人喜党居而州处；中国多忌讳，而西人众讥评。”

其次，余先生说庄子说过“天子之与己皆天之所子”这样体现平等的话，我觉得这一理解有误。此语出自《庄子·人间世》所述一则寓言中的颜回之口。但在这则寓言里，颜回不代表庄子的立场，孔子所言才是庄子想表达的观点。《庄子·人间世》里体现的庄子关于君臣关系的表述是：“天下有大戒二：其一命也，其一义也。子之爱亲，命也，不可解于心；臣之事君，义也，无适而非君也，无所逃于天地之间。是之谓大戒。是以夫事其亲者，不择地而安之，孝之至也；夫事其君者，不择事而安之，忠之盛也；自事其心者，哀乐不易施乎前，知其不可奈何而安之若命，德之至也。为人臣子者，固有所不得已。”这里根本没有“天子之与己皆天之所子”的平等想法。

再次，现代平等观念重在改变不平等现实，建构一套平等制度，即“齐其非齐”，第一个“齐”是个动词，变不平等为平等；庄子则没有改变现实不平等的思想，他的态度是“不齐而齐”（《庄子·齐物论》），也就是说，要把现实不平等视之为自然而然、见怪不怪的事情就行了（参见《高瑞泉谈平等观念》，《东方早报》2011 年 3 月 13 日）。

以上之论，意在请教余前辈和借争鸣以繁荣学术。

扬弃
今天如何尽“孝”

古代之“孝”总体难与现代社会相容。现代之“孝”要适应市场经济、个体家庭为细胞的社会结构和民主政治体制，维护的是平等、自由和人权。

现在几乎没有人否认弘扬“孝”的必要性，但对今日所需之“孝”的内容究竟是什么，学界缺乏探讨，社会见仁见智。我思来想去，觉得广受社会欢迎的歌曲《常回家看看》大概能够反映多数父母对“孝”的理解与需求：

找点空闲　找点时间 / 领着孩子　常回家看看 / 带上笑容　带上祝愿 / 陪同爱人　常回家看看 / 妈妈准备了一些唠叨 / 爸爸张罗了一桌好饭 / 生活的烦恼跟妈妈说说 / 工作的事情向爸爸谈谈 / 常回家看看　回家看看 / 哪怕帮妈妈刷刷筷子洗洗碗 / 老人不图儿女为家做多大贡献呀 / 一辈子不容易就图个团团圆圆 / 常回家看看　回家看看 / 哪怕给爸爸捶捶后背揉揉肩 / 老人不图儿女为家做多大贡

献呀 / 一辈子总操心只奔个平平安安。这首歌体现的“孝”有这样几个特点：第一，子女不一定要像古代那样和父母“同财共居”，也不必天天回家看看，而是“找点时间，找点空闲”回家看看；第二，子女不一定要像古代那样干一番光宗耀祖的大事业衣锦还乡，父母也不图子女对家能做多大贡献，能够平平安安地带上笑容、带上祝愿，帮妈妈刷刷筷子、洗洗碗，给爸爸捶捶后背、揉揉肩，互诉衷肠，就是父母最惬意的人伦之乐。这两点突出地显示了如今的父母与子女的关系日益向着平等相处、超越功利的真情方向发展。

但当我们回顾传统之“孝”的时候，就不难发现它与今日对“孝”的需求相去甚远，不加扬弃则很难适应现代社会。从古代最具代表性的《唐律》来看，“孝”有如下规定：

1. 不能告发、起诉祖父母、父母及其他长辈。祖父母、父母犯罪（除谋反、大逆及谋叛外），子孙告发者处绞刑。这一规定被概括为“亲亲相容隐”原则。它与现代法律有相通之处，也有相背之处。相通之处是：两者都在实体法上规定了如果明知亲属犯罪故意不告发或者包庇隐匿、毁灭证据，帮助逃脱，作伪证，帮助销赃匿赃等行为，可以不处罚或减轻处罚，但严重的国事罪除外；两者都在程序法上规定了亲属有权拒绝作证、法官不得强迫亲属作证等，但严重的国事罪除外。

“亲亲相容隐”与现代法律精神和规定的不同之处是：前者体现的是一种亲属之间必须“容隐”的法律义务；后者体现的则是亲属可以“容隐”、也可以不“容隐”的一种法律权利。因此，“亲亲相容隐”不能简单照搬到现代，必须按照尊重权利原则加以扬弃。

2. 祖父母、父母在，子孙不能另立门户或自置产业，否则处三年徒刑。这一规定显然不能再适用于现代社会。因为这不但不利于调动生产者的积极性，更侵犯了人们置业的自由权利。

3. 子孙违反祖父母、父母的教令，处两年徒刑。这一规定显然也不适用于现代社会。一是它混淆了法律和道德的区别。祖父母、父母对子孙的教令属于道德范畴的问题，属于家规，而不属于国法。

4. 子孙对祖父母、父母供养有阙，处两年徒刑；子孙骂祖父母、父母者，处绞刑；殴打祖父母、父母者，处斩刑。这一规定与现代社会的刑法规定有相通之处。我国现行《刑法》第 260 条规定了“虐待罪”：虐待家庭成员，情节恶劣的，处二年以下有期徒刑、拘役或者管制。犯虐待罪，致使被害人重伤、死亡的，处二年以上七年以下有期徒刑。但我们也要看到，古代法律只规定子孙不能虐待祖父母和父母，而未规定祖父母和父母不能虐待子孙，这与现代法治的平等原则是相悖的。

5. 子女听到父母或妻子听到丈夫丧讯，没有马上进行哀悼者，处流放两千里之刑；三年守丧期内不穿孝服，处三年徒刑；父母丧期中，生子或兄弟分家分产者，处一年徒刑；在父母丧期嫁娶者，处三年徒刑，并废除婚姻。上述规定总体上是不适用于现代社会的。因为子孙对祖父母和父母的去世理应通过暂不参加娱乐活动、一定时期身着服丧标志等方式来表达哀痛之情，但为此规定长达三年的守丧之期，牺牲子女嫁娶、生子、处理财产等权利，这很难适应现代社会各方面竞争较为激烈、人们不能长期赋闲在家的生活环境。

6. 若祖父母、父母犯的是死罪，子孙嫁娶要处一年半徒刑；祖父母、父母犯的是流罪，子孙嫁娶则处一年徒刑。这一条与现代法律禁止株连无辜的精神完全相悖。

7. 祖父母、父母为人所杀，子孙为图财利与仇家私和者，处流刑两千里。这一条与现代法律精神有相通之处，杀人属于侵犯国家公法所保护的法益，不能由私人之力来私了。但判流刑两千里有些过重，与现代法律精神不相符合。

8. 若子孙所任官职触犯祖父、父亲名讳，须自行辞官。如，若父亲名卫，本人则不得在地名有“卫”字的地方任官。这一规定与现代法律精神不相符合。以祖父、父亲的名讳来剥夺子孙任职的权利，没有公共利益的需要，没有合理的理据。

9. 除“十恶”罪外，犯死罪者，若家中有祖父母、父母年迈或有病需要照顾者，家中又无成丁（男子 21 岁以上 59 岁以下），一般会被暂时免除死刑，允许在家侍奉尊亲。犯流罪者，可暂不发配，允许在家权留养亲。犯徒罪者，则折杖处罚，杖毕放其归家，侍奉尊亲。这些规定在古代有一定的合理性，因为当时没有社会养老保障制度。但在现代建立社会保障制度的前提下，已无必要。

综上所述，古代孝的九条主要内容，只有三条（第一条、第四条和第七条）经过扬弃，可以适用于现代社会，其他几条均与当代法律精神相违背。古代之“孝”总体难与现代社会相容。它作为一种文化符号，今天虽可沿用，但要赋予新的内涵，进行创造性的转化。之所以如此，是因为古代之“孝”根源于古代农业社会、宗法家族社会结构和君主专制体制，维护的是父权、族权和君权。而现代之“孝”要适应市场经济、个体家庭为细胞的社会结构和民主政治体制，维护的是平等、自由和人权。

惩贪

剥皮实草杀贪官

反腐治贪不能用恐怖手段，不能用人治运作。贪污受贿是暗箱操作，反腐治贪却要在民主的阳光下进行。

中国从夏朝到清朝，对贪官最狠、惩治最凶的统治者，莫过于出身寒微、曾经讨饭三年的朱元璋。在他眼里，只要为官清廉，犯了罪也可以得到减免；若是贪虐之徒，虽小罪亦不能放过。集中查处窝案和实施酷刑是朱元璋惩贪的两大特色。

所谓窝案，就是团伙作案。朱元璋喜欢对贪官进行声势浩大、批量式的集中清洗。如胡惟庸一案，诛杀了三万多人；蓝玉一案（此案和胡惟庸一案既有经济贪污成分，也有政治结党因素），诛杀了两万多人；空印案和郭桓案连坐被杀的达七八万人之多。朱元璋亲自下令，所有贪污案件，都要层层追查，顺藤摸瓜，直到全部弄清案情，将贪污分子一网打尽为止。

对贪官实施剥皮实草等酷刑是朱元璋治贪的另一特色。《大明律》本来已有大量惩治贪污的规定，但朱元璋仍然觉得意犹未尽，亲自编写了相当于特别法（效力高于《大明律》）的《大诰》。《大诰》规定，贪污钱财60两银子以上者，处以剥皮实草的酷刑。各府、州、县和区所衙门左边的土地庙，就是行刑的场所，人称剥皮庙，又叫皮场庙。贪官被押到那里，砍下脑袋，挂到旗杆上示众。再剥下人皮，塞进稻草，分别放进皮场庙和摆到衙门公座的旁边。新官上任，第一天要到皮场庙参观并在那里住上一夜，接受警示教育。除了剥皮实草之外，还有墨面文身、挑筋、挑膝盖、剁指、断手、刖足、抽肠、刷洗、称竿、刺、割鼻子、阉割、枭首、凌迟、族诛等酷刑。后来，朱元璋觉得贪官越来越多，干脆下令："今后犯赃者，不分轻重皆诛之！"

尽管朱元璋治贪无所不用其极，但正如他自己所承认的那样："本欲除贪赃官吏，奈何朝杀而夕犯！"原因主要有二：一是官吏俸禄过少。二是惩贪采用恐怖手段。

朱元璋有个习惯，在地方主要官员上任之前，他总要对他们进行一次诫勉谈话，讲讲怎样正确地看待俸禄的微薄和顶住贪污受贿的诱惑。他说，太太平平地拿着自己不算很高的俸禄过日子，就好像守望井底之泉。井水虽然不会溢出，却可以每天都能有水吃，因为泉水不会干涸。往深处想一想，贪污受贿来的身外之物真的能给你带来什么好处吗？你巧取豪夺，难免民怨神怒，再高明的计谋也是纸里包不住火的。一旦东窗事发，你首先要被投入大牢受刑。判决之后再被发配他乡服苦役。这时候你那些赃款赃物在何处呢？真的成了远在千里的身外之物，多数到了别人之手，你这时花不着、用不着，家破人亡，因此，贪污受贿来的钱财实际上对你不是福，而是祸呀！

如此利害分析也算情理并茂了，但明代官员的俸禄也太薄了，例如，明代的正五品官，岁禄只有192石，仅是唐代五品官俸禄的十分之二三，只比汉代最低一级的官员多了92石。明朝官俸形式亦以米、麦、钞兼支。由于钱价的日跌，粮价的日涨，更使俸禄无形之中降低了许多。到了明中期，一个正一品的官员，一年的俸禄1044石，折成银子仅约300余两，抵不上京师一个富家子弟三个月的花销。职位卑微的下层官吏，本折兼支的结果，实际到手的俸禄就更少了，难以支付一家人日常的生活费用。于是，一批官吏便不惜以身试法，贪污受贿了。这再次印证了“仓廪实知礼节，衣食足知荣辱”的朴实道理。

朱元璋反贪的坚定性固然可佩，但他的反贪手段大有问题。他把搞出赃罪的多少作为考核官吏的一条标准，导致许多司法官员对案犯大搞刑讯逼供，“以趋上意”。由于诛戮过甚，两浙、江西、两广和福建的行政官员，从洪武元年到十九年春季竟没有一个做到任期结束的，有些衙门，因为官吏被杀太多，来不及补充，没人办公，朱元璋不得不叫判刑后的犯罪官吏，戴着镣铐回到公堂办公。另外，朱元璋办案不讲程序，喜欢越俎代庖，直接定人生死，感情用事，高下由心，很多冤案由此而生。更有一些人，看到当官随时都有被诛杀判刑的可能，认为反正动辄得咎，朝不保夕，不如趁早捞一把算了，反而加紧贪污受贿活动。

看来，反腐治贪不能用恐怖手段，不能用人治运作。贪污受贿是暗箱操作，反腐治贪却要在民主的阳光下进行。

偏见
千万人因他而获得新生

没有毛主席，中国不知道在黑暗中还要摸索多久。同样，没有邓小平，中国不知道在“左”的阴影中还要徘徊多久。他的一系列拨乱反正举措，使千万人第二次获得人权。

写到邓小平，不能不写他给地主、富农摘去帽子，使他们和他们的子女获得新生的事情。

地主、富农是封建生产关系的产物。从孙中山的平均地权到新中国的土地改革，莫不主张变革封建土地制度，这在世界范围内都是一种规律性现象。因为不废除封建土地制度，现代化就无从谈起。所以，新中国实行土地改革，划分农村居民的成分，完全是必要的。这个案是铁案，过去、现在和将来都是翻不得的。但我们这样做，目的是为了消灭旧的剥削制度和剥削阶级，而不是要消灭每一个地主、富农。我们当年给一些人戴上地主、富农分子的帽子，不是为了简单地报仇雪恨，而是要把他们改造成为新社会的劳动者。

所以，1950年《中央人民政府政务院关于划分农村阶级成分的规定》明确指出：土地改革完成后，地主、富农只要服从法令，努力劳动，没有任何反动行为，连续五年以上者，经批准后，得按照其所从事之劳动或经营的性质，改变其地主成分为劳动者的成分或其他成分。原来解放区的富农在土地改革完成后合于上述条件满三年者，亦应以同样的方式改变其成分。

可是在1979年以前，这一重要政策从来没有实现过。相反，随着后来“阶级斗争为纲”观念的确立，地主、富农的合法权益也得不到正常的保护。在企业，根据劳动部1965年关于五类分子能否享受医疗和退休待遇问题的一封复函规定：没有摘掉地主、富农帽子的人，都不得享受企业的劳动保险待遇和退休待遇。在农村，许多地方的地、富分子不能与别人同工同酬，还要被强制进行一些没有报酬的公益劳动。

在无法无天的“文革”期间，据《大兴县志》《道县志》《博白县志》《化州县志》《盐津县志》《瑞金县志》《白河县志》和《紫阳县志》记载，这些地方的一些地、富分子和家属都遭到了不应有的屠杀。随时随地被无端拉出去拳打脚踢地批斗一番，则更是司空见惯的事情。

最不应该的是，那些过去没有丝毫剥削行为和压迫罪行的地主、富农分子的子女，仅仅因为与父辈或祖先的血缘关系，而被视为“可以教育好的子女”（简称“可教子女”）打入另册，倍受歧视。

他们不能担任基层领导干部。1963年9月《中共中央关于农村社会主义教育运动中一些具体政策的规定（草案）》说："地主、富农的子女，一律不能担任本地的基层领导干部，一般地也不宜担任会计员、保管员、出纳员、社队企业和事业的管理人员等重要职务。"

他们不能像其他人那样正常地入团、入党、参军、从政、求学、就业等等。比这些更为可怕的是，因为他们身上流着地主、富农的血液，背着出身不好的"原罪"，很难找到恋爱、结婚的对象，面临着"绝种"的危险。因为谁会轻易愿意跳进地主、富农的"火坑"？谁会忍心让自己生下的儿女去遭受世人的凌辱和社会的遗弃？因此，不少地方的地、富子女们被迫实行换亲和转亲。

深受中国封建宗法血统论浸泡而缺乏现代人权思想洗礼的国人，对这一严重的社会问题，或者浑然不觉、视之当然；或者内方外圆、敢怒不敢言。即使偶尔出现质疑、批驳的声音，也很快被淹没在"龙生龙、凤生凤、老鼠生儿打地洞"的世俗偏见之中。

当时的地、富分子及其子女至少有 2000 万人，他们实际上成了"贱民"群体。冲破了"两个凡是"，邓小平拨乱反正，宣布剥削阶级作为一个阶级在当代中国已不复存在。因此，1979 年 1 月 11 日中共中央制定《关于地主、富农分子摘帽问题和地、富子女问题的决定》，并于 1 月 29 日由《人民日报》公布。《决定》明确宣布：凡是多年来遵守政府法令、老实劳动、不做坏事的地主、富农分子以及反、坏分子，经过群众评议，县革命委员会批准，一律摘掉帽子；地主、富农家庭出身的社员的子女，他们的家庭应一律为社员，不应再作为地主、富农家庭出身。在入学、招生、参军、入团、入党和分配工作等方面不得歧视。

邓小平说过，没有毛主席，中国不知道在黑暗中还要摸索多久。我们同样可以说，没有邓小平，中国不知道在“左”的阴影中还要徘徊多久。

一统
民族智慧的大师

当今国际上一系列争端，都面临着用和平方式来解决还是用非和平方式来解决的问题。邓小平主张的“一国两制”理念，成功解决了香港问题，为人类提供了一种崭新的思路。他是把马克思主义中国化的大师，是中华民族智慧的大师。

1974 年毛主席在会见英国前首相希思，谈到香港问题时，回头询问身后的周恩来：香港问题还有多长的时间？周恩来脱口而出：大概 20 多年零几个月。毛泽东说，这么长时间？我们管不着了。然后用手指了指邓小平，意思是说这是他们年轻人要解决的事情了。

鸦片战争一声炮响，把中国推到了半封建半殖民地社会。凭借船坚炮利，英国政府逼迫清政府先后签下《南京条约》《北京条约》和《展拓香港界址九条》三个条约。前两个条约把香港本岛和九龙半岛南端永久割让给英国，后一条约将九龙半岛大片土地和附近两百多个岛屿（统称“新界”）租借给英国，租期99年，1997年6月30日期满。

随着1997年的逼近，英方制定了解决香港问题的“三部曲”：第一，坚持历史上三个条约的“合法性”，继续保持现状；第二，主权可以转交给中国，但中国应回报英国以治权；第三，力争把自己的代理人安插到1997年之后香港的领导层里。

邓小平毫不示弱，针锋相对地形成了他的策略：一是中国一定要在1997年恢复行使对香港的主权。二是实行“一国两制”。三是实行港人治港，高度自治。

1982年9月22日，英国皇家空军飞机把撒切尔夫人及她的丈夫丹尼斯送到了北京。铁娘子开口就强调历史上有关香港的三个条约按照国际法仍然有效，除新界外，英方拥有对香港的主权。邓小平针锋相对说，香港是中国的领土，中国政府随时可以收回香港，而且到时中国收回的不仅是新界，而且还包括香港本岛和九龙。如果英方拖延谈判时间，则中国不排除武力收回香港。如果大家合作愉快，中方可以充分考虑英国的利益。

锋芒毕露的撒切尔夫人被绵里藏针的邓小平顶了回去。于是铁娘子就开始了第二部曲：以主权换治权，中国当香港的“董事长”，英国做“总经理”。1989年9月，邓小平会见希思时，明确地指出治权是主权的体现，没有治权，何来主权？治权可以交给港人，而不是英人，不然就不是一国两制，而变成“两国两制”了。

第二部曲结束后，英方接着开始了第三部曲：安插1997年之后的代理人。末代港督彭定康抛出“政改方案”，要把香港的政治体制由行政主导变为立法主导，行政机关受制于立法机关。同时还让1995年选举委员会成员全部由直接选举产生的区议员担任，这样选举产生最后一届立法局，然后通过“直通车”的方式，把亲近港英当局的人送到1997年之后的香港特别行政区的领导层。

彭定康的政改方案违反了《中英联合声明》，事先未曾咨询中方，在随后的十几轮谈判无果而终之后，中方决定另起炉灶，成立香港特别行政区第一届政府推选委员会，推选首届特首和临时立法会议员。

当今国际上一系列争端，都面临着用和平方式来解决还是用非和平方式来解决的问题。香港问题的成功解决，为人类提供了一种崭新的思路。

为什么邓小平能够成为这部杰作的总设计师？首先与他的经历有关。1950年2月邓小平亲自拟定与西藏当局和平谈判的条件，其中之一就是西藏现行各种政治制度维持不变和中国人民解放军进入西藏；上世纪60年代，毛泽东曾提出解决台湾问题的“一纲四目”。“一纲”就是一定要统一，“四目”里面则提到台湾的事情由台湾当局管理等；1949年人民解放军打到海南岛，但没有跨过深圳河，相反中国一直有意保护香港的现状，这些做法都成为邓小平提出“一国两制”的重要来源。

邓小平的“一国两制”理念与他对社会主义制度和资本主义制度的运行现状的分析判断有关。他实事求是地指出国际范围内“敌强我弱”将是相当长的格局，我们当前的主要任务不是埋葬资本主义制度，而是在坚持社会主义道路的前提下，大胆借鉴资本主义的一切有益的文明成果。

邓小平“一国两制”的理念，还与“和而不同”的民族思维方式密切相关。中国从夏商周三代到明清，政治经济制度从来不是整齐划一的，而是在承认、服从“一统”（主要表现为一个朝廷）的前提下，允许一些族群实行不同于华夏族为主体的制度。这是中华民族容纳众多族群而绝少国外族类断杀的原因之一。

英国著名历史学家汤因比对中华文明寄予特别厚望。他说：“世界终究走向统一。在这点上，各民族中具有最充分准备的是几千年来培育了独特思维方法的中华民族。”邓小平是把马克思主义中国化的大师，是中华民族智慧的大师。

远见
邓小平同志的法律素养

从邓小平同志在讨论制定1954年《宪法》的一些发言中，我们感受到他深厚的法律素养，使我们从另一方面认识到“依法治国要抓住关键的少数”的必要性。

感谢已长眠于九泉之下、曾经参与过我国1954年宪法和1982年宪法起草工作的许崇德教授，在他垂暮之年撰写了《中华人民共和国宪法史》(以下简称为《宪法史》)一书，披露了鲜为人知的有关国家领导人在1954年宪法起草会议上的一些发言材料，使我们得以看到他们的法律素养。给我印象很深的是邓小平的言论，举例如下：

一、邓小平建议把“‘全体人民’改写为‘全体公民’”，具有法律发展战略眼光

1954年5月27日在宪法起草委员会第二次全体会议上，讨论关

于公民概念问题时，李维汉说：“宪法中的公民，包括所有中国国籍的人在内。”邓小平说：“把‘全体人民’改写为‘全体公民’为好。”刘少奇说：“这里的公民包括过去的所谓‘人民’和‘国民’在内。地主阶级分子也是公民，不过是剥夺了政治权利的公民。如果只写人民，就不能包括‘国民’那一部分人了。”（《宪法史》上册，第124页）

公民是个法律概念，人民是个政治概念。宪法是法律范围的事物，从法律思维角度看，应采用公民这个概念。宪法当然不可能与政治隔绝，它不可能不对一定的政治成果进行确认，但宪法的确认要采用宪法的思维和术语。从西方宪法的演变来看，他们最初也曾把公民分为积极公民和消极公民等不同地位的人，“法律面前人人平等”起初也只是司法层面上的平等，而非立法意义上的平等，但西方宪法最后都走上了立法和司法面前一律形式平等的地步，公民本身不再作地位不平等的法律区别（当然，西方宪法迄今也未实现法律面前人人实质平等）。因此，邓小平建议“‘全体人民’改写为‘全体公民’”是有法律发展战略眼光的。

当年我们给一些人戴上地主、富农成分的帽子，不是为了简单地报仇雪恨，而是要把他们改造成为新社会的劳动者。所以，1950年《中央人民政府政务院关于划分农村阶级成分的规定》明确指出：土地改革完成后，地主、富农只要服从法令，努力劳动，没有任何反动行为，连续五年以上者，经批准后，可以改变其地主富农成分为劳动者的成分。原来解放区的富农在土改完成后合于上述条件满三者，亦可改变原成分。土改是1950年开始的，到1954年宪法公布时，原来的地主富农分子已大体可以改变为劳动者成分。因此，邓小平建议把"'全体人民'改写为'全体公民'"也是有现实依据的。遗憾的是，由于后来阶级斗争扩大化思维的增长，地主富农没有如期摘帽。

二、邓小平坚持单一制国家结构中的"自治权"须受宪法、法律约束，法无授权不得行

1954年5月29日在宪法起草委员会第四次会议上，讨论到第70条"各民族自治地方的自治机关按照宪法和法律规定的权限行使自治权"时，龙云提出："这一条'在法律规定的权限内行使自治权'，这样，自治权就受到很多限制了，法律没有规定的事情就不能做了。"刘少奇反问一句："自治权要不要受法律规定？"乌兰夫说："还是规定好，不规定不好搞。从内蒙古来看，规定个范围好。自治也不能超越根本法。"董必武说："'自治'本身就有限制，苏联自治共和国的职权，就没有加盟共和国那么多。宪法已经规定了可以管理地方财政，组织公安部队，制定自治条例、单行条例等，应有的都有了，超过了这些，还有什么权呢？"龙云说："那规定漏的地方，就不能做了。"邓小平说："宪法上充分保障了少数民族的权利，不能设想在宪法之外还可以做别的事情。要求脱离中国，加入别的国家，那不行；要求特殊，独立起来，也不行。具体的，政治、经济、文化的权利，是充分保障的。如果现在规定得还不够完备，将来还可以补充，但也要由法律来补充。"陈云也表示了同样的观点："自治权是有的，但也有限制，需要在宪法里规定。例如内蒙古有自治权，但如果满洲里的关税、境内的森林、铁路，都归内蒙古，

全国就不好办了。有自治权，也要服从总的东西。”龙云说：“有第七十一条的规定，就解决了这个问题。我不坚持我的意见。”李维汉说：“民族区域自治中，还有这样一个问题，如果让少数民族关起门来搞自治，没有国家的支援，没有汉族的支援，很多事情就不可能搞。”（《宪法史》上册，第129页）

与联邦制国家成员单位拥有固有权力、剩余权力不同，中国实行单一制国家结构，民族自治区没有联邦制成员单位那种固有权力、剩余权力，它们的自治权是中央授予的，授予多少，就有多少；可以依法授予，也可以依法收回。邓小平主张自治权的范围要有法律限定，“如果现在规定得还不够完备，将来还可以补充，但也要由法律来补充。”体现了单一制下地方自治权“法无规定不得行”原则。

邓小平这一法律思维也在《中华人民共和国香港特别行政区基本法》起草过程中体现出来。他坚持“一国两制”中的“一国”与“两制”并非平起平坐，而是前者高于后者。“两制”也不是平起平坐，而是社会主义这一制为主体；香港特别行政区的“高度自治”不是“完全自治”，而是香港特区的高度自治权与中央政府的必要干预权并存；“港人治港”并不是什么港人都可以“治港”，而必须是“爱国者治港”。

三、邓小平认为被告的辩护权是一项庄严的权利

1954年5月29日宪法起草委员会第四次会议在讨论到宪法草案第69条“各级人民法院审理案件，除法律规定的特殊情况外，一律公开进行。被告人有辩护权”时，有人主张将“被告人有辩护权”改为“被告人有权获得辩护”。陈叔通说：“我主张保持原文。苏联

写的是‘被告有权获得辩护’，上面还有‘保护’二字。我们条件不够，没有律师，还是维持原文好。”刘少奇说：“他说他不会讲话，到了法院里说不清楚，要求法院里找个人能把他要说的话说清楚。是不是给他找？不一定有律师。”邓小平说：“照原文，好像我们的被告现在才有辩护权。写‘有权获得辩护’比较庄严些。”刘少奇又说：“困难是有的，但不能有困难，这项权利就不要了。宪草要公布，全世界都可看到，写‘有权获得辩护’比较好些。叔老怎么样？”陈叔通答：“我并不反对这样写，就怕做不到。”邓小平接着说：“找律师找不到，但可以自己辩护，也可以找别人替他辩护，也可以让法院找人给他帮忙，不一定非找律师。”讨论结果，大家同意写为“被告人有权获得辩护”。《（宪法史》上册第128、129页）

陈叔通把辩护权理解为找律师来行使，邓小平认为辩护权是一项庄严的权利，既可委托律师，也可自己或请他人来行使。现代司法公正的必备条件之一是辩护权能够得到充分的尊重和行使。最近，陈光中、樊崇义等教授都撰文指出，当前我国刑事辩护有三大问题。一是刑辩不到位，尚有50%至70%的刑事审判辩护律师缺位；二是到位的刑辩尚未达到实质化，实体辩护和程序辩护均残缺不全；三是法律援助工作还处在艰难的推进中，缺人、缺钱、缺经验，无效辩护制度尚未确立。

四、邓小平主张“紧急情况下的临时拘留”要注意“保障人权”，这与革命时期的群众运动做法不同

1954年5月29日宪法起草委员会第四次会议在讨论到宪法草

案第81条“中华人民共和国公民的人身自由不受侵犯。任何公民非经人民法院或检察长的许可，不受逮捕。在紧急情况下的临时拘留，至迟要在三日内得到批准，否则被拘留的人应得到释放”时，黄炎培觉得“三日”太长了，问：“规定三天的期限，在别的国家宪法中有没有先例？”邓小平说：“阿尔巴尼亚就是我们的先例。匈牙利规定的期限还长点，是五天。我们规定三天，对于保障人权来说是严格的。”“过去我们搞的几次革命运动，一叫土地改革，二叫镇压反革命，三叫‘三反’‘五反’。谁否认了这一点，谁就是否认了革命。在几次运动中，也有搞错了的，但是打倒地主阶级和反革命分子，主要是靠了革命的群众运动。如果在那时，我们规定了这一条，报关革命根本就搞不起来。”《（宪法史》上册第131、132页）

邓小平把限制公民人身自由与“保障人权”问题相联系，非常可贵，因为直到1978年，我们的报纸还在批“人权”是资产阶级的口号，上个世纪90年代“人权”禁区才被打破。邓小平还实事求是地指出，过去革命的群众运动主要不靠法治，那是革命的需要。现在处于正常的和平建设年代，不能不注意严格保障人权。

五、邓小平认为要提醒国家工作人员注意，如果侵害公民权利，公民有取得赔偿的权利

1954年5月29日宪法起草委员会第四次会议在讨论到宪法草案第88条关于公民的控诉权时，陈叔通认为可以删去该条第二句“由于国家工作人员侵害公民权利而受到损失的人，有取得赔偿的权利”，理由是有了公民控诉，总会有判决的。田家英对此不同意：“其

实保留这一句有什么坏处？有了这一句反倒警惕了人。”邓小平支持田家英的意见：“保留这一句好。”于是就这样定了。（《宪法史》上册第 132 页）

邓小平在同时期一次讲话中明确指出，中国共产党执政以后，最有资格、最有能力犯大错误的就是我们党，因此一定要加强对党的纪律监督、社会监督、法律监督等。尽管“法律面前人人平等”，但法律重点约束掌握公权力的人。“法治重点约束公权力”这一观点到了上个世纪九十年代出现于党和国家领导人的讲话中。

六、邓小平指出要区分“单位犯罪”和“个人犯罪”

在 1954 年宪法起草过程中，黄炎培曾问：“副总理犯了法，怎么办？”邓小平说：“副总理犯了法，总检察长可以提到全国人大常委会，逮捕不逮捕也取决于全国人大常委会。”刘少奇说：“例如一个副总理打死了人，常委会可以免掉他的职，然后再按普通公民处理。”邓小平说：“副总理犯罪可以有两种：一种是职务内的罪，一种是个人的罪。属于个人的犯罪行为，应当按普通公民处理，不能说是副总理犯了罪。”《（宪法史》上册第 238 页）

邓小平说这段话的时候，我国还没有刑法。但他却能明确地区分两种犯罪：单位犯罪和个人犯罪。这说明他的法学功力是比较深的。他为何有如此法学功力，是他自学钻研的结果，还是因为有家学渊源的缘故？他的父亲邓绍昌，字文明，生于清光绪十二年（1886），曾在成都法政学校读书。这些还有待进一步的考证。

制约
权利优先，但不能滥用

今天我们建设法治社会，一方面，要求政府尊重公民的每一项权利，树立权利制约权力、权利优先思维；另一方面，也要求公民正确地行使自己的权利，树立权利和义务相统一的思维。法治国家与法治社会互为依存和促进，缺一不可。

建设法治社会是全面推进依法治国的主要任务之一，为此我们就必须认真清理封建法律文化的遗毒。“三纲五常”是中国封建社会意识形态的核心，是封建统治者立法、执法的指导思想。“三纲”（君为臣纲、父为子纲、夫为妻纲）是根本，“五常”（仁、义、礼、智、信）是补充，前者的精髓是确立以君权为根本的金字塔形的专制主义结构，后者企图以双向道德义务（即君仁臣忠、父慈子孝、夫敬妻顺等）的说教来缓和以法定单项服从关系为主的专制结构里的紧张对立。在这种长达两千多年的封建法律文化氛围里，民众在国家权力眼里被视为义务工具，但在民间社会，民众却又缺乏社会公德，容易滥用权利。

在国家权力面前，民众之所以被视为义务工具，是因为封建社会法律的指导思想或一根主线并非瞿同祖先生所说的儒家仁、义、礼、智、信理念，而是法家的“三纲”思想。“三纲五常”是西汉董仲舒提出的，他表面上是儒学大师，但实际上吸纳了法家韩非子的学说，他的“三纲”说即来源于《韩非子·忠孝》：“臣事君，子事父，妻事夫，三者顺则天下治，三者逆则天下乱，此天下之常道也，明王贤臣而弗易也。”他这里说的“臣事君，子事父，妻事夫”和先秦儒家所言的君臣、父子、夫妻关系观点的一个根本差别，就是前者是单向的命令服从关系，后者则是双向的互相尊重的对等关系。因此韩非子在这段话前面，批评了儒家的对等关系观点：“天下皆以孝悌忠顺之道为是也，而莫知察孝悌忠顺之道而审行之，是以天下乱。皆以尧、舜之道为是而法之，是以有弑君，有曲父。尧、舜、汤、武，或反君臣之义，乱后世之教者也。尧为人君而君其臣，舜为人臣而臣其君，汤、武为人臣而弑其主、刑其尸，而天下誉之，此天下所以至今不治者也。夫所谓明君者，能畜其臣者也；所谓贤臣者，能明法辟、治官职以戴其君者也。今尧自以为明而不能以畜舜，舜自以为贤而不能以戴尧，汤、武自以为义而弑其君长，此明君且常与，而贤臣且常取也。故至今为人子者有取其父之家，为人臣者有取其君之国者矣。父而让子，君而让臣，此非所以定位一教之道也。”

封建社会的法典里不可能没有儒家思想的成分，除儒家外，还有阴阳五行家、佛教等思想在其中。但封建法典最根本的核心是韩非子提出的单向绝对服从的君臣、父子伦理观。儒家主张臣民可以进谏甚至可以诛杀暴君，但任何一部封建法典都没规定这些内容，法典规定的都是臣民如何绝对服从君主。

我在这里强调法家君臣伦理观念是真正的封建法典的核心，是为了说明在封建法律文化中，臣民被视为一种简单的国家权力的义务工具，根子在于法家。封建社会之所以农民起义不断，就因为封建法律不保护农民的生存权、发展权，只把农民当作缴纳赋税、当兵服役的义务工具。遇上一个贤明的君主，农民阿弥陀佛；摊上一个昏君、暴君，农民则呜呼哀哉。这里起作用的不是法律制度，而是“人存政举，人亡政息”的人治。一句话，法家的权力本位、权利虚无的理念掌控了封建法律，多数封建统治者也喜欢玩弄“阳儒阴法”的把戏。

臣民在国家权力眼里是义务工具，而在民间社会民众却因缺乏权利理念常常自私自利、滥用权利。费孝通先生在《乡土中国·差序格局》中写道，中国乡土社会中的民众有一最大的毛病是“私”。苏州人家后门常通一条河，居民不论什么东西都倒到这种出路本来不太畅通的小河沟里，有不少人家根本就不另设厕所。明知人家会在这里洗衣洗菜，却毫不觉得有什么需要自制的地方。为什么呢——这种小河是公家的。一说是公家的，差不多就是说大家都可以占一点便宜的意思，“有权利而没有义务了”。小到两三家合住的院子，公共的走廊上照例是灰尘堆积，满院生了荒草，谁也不想去拔拔清楚，更难以插足的自然是厕所。没有一家愿意去管闲事，谁看不惯，谁就得白服侍人，半声谢意都得不到。于是像格兰亨姆的公律，劣币驱逐良币一般，公德心就在这里被自私心赶走。从这些事上说，私的毛病在中国实在是比愚和病更普遍得多，从上到下似乎没有不害这毛病的。现在已成了外国舆论一致攻击我们的把柄了。这里所谓“私”的问题是个群己、人我的界限怎样划分的问题。

因此，今天我们建设法治社会，一方面，要求政府尊重公民的每一项权利，树立权利制约权力、权利优先思维；另一方面，也要求公民正确地行使自己的权利，树立权利和义务相统一的思维。法治国家与法治社会互为依存和促进，缺一不可。

现实
从明星奇葩婚前协议看权利的正负能量

权利给人带来的正当生存空间、人格尊严权比社会人情冷暖度可能更重要一些。我们只能在“为权利而斗争”的同时，尽量提倡社会公益慈善、道德感化，以降低权利的负面作用。

权利的实现可以减少社会的腐败和维护权利人的尊严，这是权利的正能量；但权利的设置又会带来社会成员的疏离感和权利人对他人的不信任，这是权利的负能量。近日读到一篇题为《盘点明星的奇葩婚前协议》的文章，对上述观点更加坚信。该文披露：

谢霆锋与张柏芝的婚前协议，其中最有名的一条是：“他日无论何种原因分手，张柏芝都可带走自己所有子女。”离婚后，二人好聚好散，张柏芝独自带着两个儿子移居新加坡。

贾静雯和其前夫孙志浩的“婚前契约书”上只有一些跟钱有关的条款，包括孙志浩送给她的两栋豪宅的归属，也包括离婚后孙家每月要支付她50万新台币（约合人民币10万元）生活费等。最终，这对夫妻为了争夺女儿的监护权对簿公堂。

小S和许雅钧的婚前协议规定，婚后二人各不干涉对方的社交活动，这些社交活动自然包括了小S与朋友去喝酒、许雅钧去夜店玩乐等。

邓文迪与默多克的婚前协议则约定，邓文迪同意不具有默多克的财产继承权。不过夫妻一场，邓文迪最后还是得到了纽约的一处房产，价值不及一亿。

刘晓庆曾和小十多岁的阿峰有一段“患难与共”的婚姻，二人的婚前协议里规定，为了照顾刘晓庆的公众形象，两人就算离婚，在公共场合也一定要保持亲密。

上述内容各不相同的婚前协议，或捍卫自己的财产权利，或保护自己抚养孩子的权利，或保留自己追求自由生活、工作的权利。人们不会觉得这些协议的内容有什么不妥，但同时又会感叹这些不缺吃、不缺穿、不缺体面的人，签下这般冷冰、赤裸的协议，让人感觉不到这些艺人在荧屏上演绎得淋漓尽致的人间恩爱之情的真实性，而倍觉现实生活中人与人之间的冷酷、计较、互不信任。

但权利隐含的前提恰巧就是对公权滥用和他人侵犯的防范，权利说到底是根源于对权力和他人的不信任。德国法学家耶林在《为权利而斗争》一文中指出，所有的权利都面临着被侵犯、被抑制的危险，因为权利人主张的利益常常与否定其利益主张的他人的利益相对抗。所以权利的前提就在于时刻准备着去主张权利，要实现权利，就必须时刻准备着为权利而斗争。在耶林看来，为权利而斗争不仅仅是主张自己利益的任何一位市民的权利，同时也是旨在为权利而斗争的市民的一项义务。一个人放弃自己的权利，从法律本身的规定来说并无不可。因为权利只是一种选择的自由，当事人完全可以根据自己的判断选择是为和平而放弃权利还是为权利而牺牲和平。但如果从功利主义的角度来考察其社会影响，放弃权利的行为就是非常危险的，因为当这种行为成为一种社会普遍现象的时候，无疑是对非法行为的纵容和鼓励，法律自身的权威将受到严重的挑战，法律的功能将得不到发挥，社会秩序也就很难得到有力维护。

但由于权利源于对权力和他人的不信任，为抵制不法侵犯就需要进行诸多防御措施以震慑他人，所以强调权利必然降低人们之间的信任感和人与人之间的亲密感。邻居家的孩子到主人家玩耍，主人须尽注意义务，防止人身伤害事情发生，这就使得人们尽量不让邻居家的孩子来玩耍，免得发生因未尽管理职责而赔偿的官司。如此，孩子丧失了很多和同龄人在一起的快乐，邻里之间增添了诸多疏离。

因为权利具有正、负两种能量，所以我觉得从某种角度来看，权利就是权衡，即权衡“利”与“弊”。做任何事情都会有利有弊，只有利而无弊，只能是非现实的幻想。与“宁可错放，不可错判”的原理一样，权利的设置是基于人性的不完善而作出的无奈选择。“为权利而斗争”有得有失，但衡量下来，肯定是得大于失。权利给人带来的正当生存空间、人格尊严权比社会人情冷暖度可能更重要一些。我们只能在“为权利而斗争”的同时，尽量提倡社会公益慈善、道德感化，以降低权利的负面作用，而不是劝说人们放弃权利、只尽心于义务的履行。这也可以作为我不赞成陈来先生等国学人士主张的义务优先的依据。

疑心病
特务手段管百官

只有让人民来监督政府，政府才不敢松懈；只有人人起来负责，才不会“人亡政息”。

朱元璋建立明朝之后，吸取前朝教训，按照“明主治吏不治民”的法家遗训，不惜采用特务手段对百官严加管教。这些特务称为“检校”，有的是文官，有的是禁卫军官，还有的是和尚。他们躲在暗处，窥伺百官。

对大臣家事了如指掌

老儒钱宰奉诏编纂《孟子节文》，朝罢低吟：“四鼓冬冬起著衣，午门朝见尚嫌迟。何时得遂田园乐，睡得人间饭熟时？”潜伏在他身边的特务马上报告给了朱元璋。第二天朱元璋召见诸儒，对钱宰说：“昨日听说你写了一首好诗，但我何时嫌弃你上朝迟了？你应该把‘嫌’字改成‘忧’字才对。”钱宰被吓出一身冷汗，赶忙叩头谢罪，朱元璋遂下令把他遣送回老家，说：“我今日遂你心愿，你去睡到吃饭时吧！”

国子祭酒宋讷有一天独坐生闷气，面有怒色。特务暗中看到，便偷偷给他画了张像。第二天朱元璋问他昨日为何生气，宋讷吃了一惊，答曰：有个国子监生走路很快，摔了一跤，撞碎了茶具。我惭愧自己教育无方，当时正在自责呢。但陛下又怎么知道这件事？朱元璋把画像拿给他看，他才恍然大悟。

退了休的官员，朱元璋也不放过。曾任兵部和吏部尚书的吴琳，告老回到黄冈老家。朱元璋派特务前去打探。特务远远望见一个农夫打扮的老头从小凳上站起来去插秧，模样十分端谨，上前问道：“这里有个吴尚书在家吗？”老头敛手回答：“琳便是！”特务回去报告后，朱元璋很高兴地放心了。

对忠臣直臣也不放心

朱元璋对忠臣也备怀戒心。宋濂为人诚谨，朱元璋曾夸他“跟随朕 19 年，不曾说过一句假话，议论别人一句短长，十几年如一日，何止是君子，简直可以说是圣贤了！”但仍派特务监视他。有一天，宋濂同家人饮酒，朱元璋派特务暗中打探。第二天，朱元璋问他昨天是否喝酒了，座上客人是谁，吃了什么菜。宋濂一一如实作答。朱元璋笑着说，答的都对，你没有骗我。

有时朱元璋还换上老百姓的衣服，亲自打探大臣的活动。如弘文馆学士罗复仁在朱元璋面前敢于直陈得失，朱元璋喜欢其耿直的性格，称呼他为“老实罗”。一天，朱元璋突然径直跑到城外罗复仁的家里。罗的房子破烂不堪，当时他正趴在梯子上粉刷墙壁，一见皇帝来了，慌忙叫妻子端个小凳请皇帝坐下。朱元璋见到这般景象，过意不去，下令赐给他一座城里的高门宅第。

朱元璋用特务管束百官，大批违法的官吏遭到鞭笞、剥皮、挑筋和灭族的处罚。据说，朱元璋每天上朝，如果把玉带高高地贴在胸前，这一天杀的人就少一些；如果把玉带低低地按在肚皮下面，这一天就要大杀一批，官员就吓得面如土色。传说当时的京官每天清早上朝，必与妻子诀别，到晚上平安回家便阖府庆贺一番，且幸又苟活一天。

对后宫一样铁石心肠

朱元璋如此整肃吏治，并不全是出于为民除害的目的。洪武三十年二月，朱元璋得了一场大病。他以为自己病将不起，想起太子之母李淑妃精明强干，担心日后她仿效武则天登基称帝，改了朱姓江山，便决心把她除掉。他派人把李淑妃的两个哥哥叫到便殿赐宴，又把李淑妃叫到跟前，对她说：你跟随我十多年，忠心耿耿。去见见两位哥哥，尽尽兄妹情吧。李淑妃明白这是打算让她以死殉葬，于是哭着拜谢龙恩：臣妾知道了，死就死吧，何必再见兄长呢！随后悬梁自尽。朱元璋抚尸痛哭，对她哥哥说：朕不是不知道你们的妹妹贤惠明达，只是担心她日后会弄出武后之祸，只得割舍千般恩爱，让她这样走了，你们千万不要以为朕是个寡恩薄德的人呀！

世上的封建皇帝管束百官之严大概没有一个像朱元璋这样的，但最终也没有挡住江山易姓，花落他家。于此笔者想起了毛泽东对黄炎培说的那番著名的话：只有让人民来监督政府，政府才不敢松懈；只有人人起来负责，才不会“人亡政息”。

相得益彰
普法启蒙与国学传播应比翼双飞

以儒学为代表的国学仍可释放一定的正能量；中国特色的民主、法治、人权、自由等理念制度在公共领域必居主导地位。只有让这两个轮子一起转动，公、私两个领域才会相得益彰、健康和谐。

中国的传统文化，至少应该包括以古代儒学为代表的国学和近代追求民主法治人权的启蒙思想两大类。毛泽东同志说过，“从孔夫子到孙中山，我们应当给予总结，承继这一份珍贵的遗产。”习近平总书记在1997年“严复与中国近代化学术研讨会”上为严复题词“严谨治学，首倡变革，追求真理，爱国兴邦”，这都说明近代以来立足国情、借鉴西学的启蒙思想（中国特色社会主义核心价值观念是近代以来启蒙思想发展的最新成果）也是中国传统文化的重要组成部分，我们不能把传统文化仅仅限于古代国学。而且，今天弘扬传统文化，很有必要让国学传播和启蒙思想两个轮子一起转。所以然者何？因为儒学总体上不含有中国发展市场经济、民主政治、法治人权自由所需要的资源，而启蒙思想总体上不含有正心、诚意、格物、致知、修身、齐家等个体修养内容。

以儒学为代表的国学，对中国古代政治经济文化社会的发展厥功至伟，中国古代的国家总体实力在世界上长期是第一，文明特质在世界上更是唯一。这与以儒学为代表的国学的贡献密不可分。

但是，我们也不能“药方只贩古时丹”，减轻今人的历史重任。不管以儒学为代表的国学对古代文明有过多大贡献，它毕竟是自然经济、宗法社会、专制政治等时代的产物，有着难以超越的时代局限。就拿儒学来说，它自身缺乏现代市场经济、民主政治和法治、人权、自由等文化价值，不管唐君毅、牟宗三等新儒家和其他人士对儒学的发展作了多大的努力，毕竟没有解决内圣如何开出外王之路的问题，也就是说，没有找到儒学与现代民主、法治、人权、自由理念的结合点。他们无可奈何，最后转向神秘之路，说只要经过良知的自我坎陷，即可迈入现代民主、法治、人权、自由之路。

原因何在？唯物史观可以给出答案：社会存在决定社会意识。民主、法治是和商品经济、民主政治相连的，古希腊、罗马之所以有一定的民主法治，是因为那里有较为发达的商品经济和自由民或贵族的民主政治，因此欧洲的现代化可以从古希腊、罗马寻求资源。而中国古代重农抑商的经济结构、宗法淹没个性的社会结构、“三纲”为本的专制政治，使得中国的现代化很难从古代寻觅到民主、法治、人权、自由等重要资源，致使“五四”运动喊出不同于西方对待传统态度的“打倒孔家店”激烈口号，致使从林则徐睁开眼看世界开始，无数仁人志士孜孜不倦学习借鉴西方，鸦片战争一声炮响，西方资本主义破门而入，但解决不了中国的近代化问题；十月革命一声炮响，给我们送来了马克思主义，一代又一代的中国共产党人通过不断的马克思主义中国化，才使中国的现代化事业步步前行。

源于西方的民主、法治、人权、自由等思想观念总体上服务于治国理政，而不含有个体修身、齐家的道德修炼内容。旅美学者杨效斯指出，迄今为止，西方哲学没有把家这个概念视为重要理论；在林林总总的哲学学说中，缺乏系统而持久的家研究，缺乏由家研究产生的家哲学家。自古至今，西方哲学家的家庭生活经历普遍地量少质低。主要哲学家们多数幼年缺父少母，成年保持单身。通过垄断教育，教会还保证了西方思想家只能长期出自无家，出家的修士群中。有如此背景的哲学家们，如果经常在其哲学中谈到父母，谈到家人亲情，才是咄咄怪事。

儒家讲修身、齐家、治国、平天下，而在今天，以儒学为代表的国学在修身、齐家等私人领域仍可释放一定的正能量；中国特色的民主、法治、人权、自由等理念制度在公共领域必居主导地位。我们只有让这两个轮子一起转动，公、私两个领域才会相得益彰、健康和谐。

草根文化
中国民间谚语的多元色彩

民谚多元纷呈的局面，是与古代社会的经济结构、职业群体、文化传统的多元化密切相关的。社会的多元性决定民谚多元化，民谚多元化反过来又促进社会多元性。对此，需要我们有鉴别地加以对待，有扬弃地加以继承。

长期以来，学界不少人以为既然我国古代“罢黜百家、独尊儒术”，因此，官方和民间肯定是儒家的一统天下。但通过检索中国民间谚语，我们发现民间文化呈现一种多元化的格局。例如：

1. 敬老的谚语举例有：家有一老，如有一宝；不听老人言，吃亏在眼前；若要好，问三老。贱老的谚语举例有：剑老无芒，人老无刚；人老无能，神老无灵；树老心空，人老颠东。社会学上有一种观点，认为人类的文化可以分为前喻、同喻和后喻三种。前喻是指老年人智慧占据社会主导地位，大体相当于农业社会；同喻是指老年人智慧和青年人智慧平分天下，这大体相当于工业化社会；后喻则指青年人的智慧占据社会主导地位，这大体相当于当今的高科技时代。“敬老”理念产生在农业社会，因为老人在农业生产、手工业作坊生产和社会生活方面的经验最为丰富，年轻人了解这些经验的通常渠道是靠老人的言传身教。而“贱老”的原因则主要是年龄歧视，以及社会保障制度不健全。老年人年老体衰，需要年轻人照料，还需要年轻人送终。因此，老年人既是社会财富，又是社会负担。“敬老”产生于前者，“贱老”源自后者。

2. 善有善报的谚语举例有：人发善愿，天必行之；善恶到头终有报，远走高飞也难逃。但也另有一说法，人善有人欺，马善有人骑。“善有善报”的理念与佛教有关。佛教认为“善恶有因果，人生有轮回”。

3. 主张安土重迁的谚语举例有：父母在，不远游；人离乡贱；离家一里，不如屋里。主张流动的谚语主要有：树挪死，人挪活；一生不出门，终究是小人。大体而言，农民安土重迁，这与其生产方式（伺候搬不走的土地）、财产形式（主要是土地房屋不动产）有关。而商人则因其经营方式（四处贸易）和财产形式（以金银等动产为主），必然喜欢四处奔走。官员受制于古代的异地任官制度，亦需要长期流动。

4. 鼓励人们正直的谚语举例有：一正压千邪；正气高，邪气消；宁可直中取，不可曲中求。鼓励人们圆滑的谚语举例有：直木先伐，甘井先竭；好汉不吃眼前亏。中国人认为“人之初，性本善”，人心向善，所以从儿童时期开始，进行的都是怎样做一个正直人的教育，但当他们踏入社会后，却为了适应复杂的社会，在人情练达方面下工夫。

5. 认为人情靠得住的谚语举例有：人情大于王法；认为人情靠不住的谚语举例有：人情似纸张张薄，世事如棋局局新。中国古代是一个宗法家族社会，以个体家庭为主的西方社会更重视人情，但中国古代又是专制政治社会，尔虞我诈的政治争斗和反抗剥削压迫的农民起义始终不断，这又极易撕破人情之网。

6. 认为人的相貌与善恶一致的谚语举例有：吉人自有天相，不必仔细打量；恶人一副凶相，善人一副佛像。认为人的相貌与善恶并不一致的谚语举例有：真人不露相，露相震四方。先秦时期，巫术文化色彩浓厚，相术也比较发达。先秦以降，帝王们往往把自己的相貌描绘得十分奇特。加之帝王们的刻意渲染，这就使得民谚中保留了不少以貌取人的内容。但相术毕竟是一种迷信，很容易被人们用生活经验去识破，因此，“人不可貌相，海水不可斗量”的反思性谚语也就大量出现了。

7. 反映宿命论的谚语举例有：死生由命，富贵在天；万般皆由命，半点不由人。相信主观努力、人定胜天的谚语举例有：天无绝人之路；只要工夫深，铁杵磨成针。宿命论谚语产生的原因主要有两个：一是农业生产基本靠天吃饭；二是专制政治下，帝王喜怒无常，官吏恣意横行。在经济和政治两方面压力下，人们感到命运无常。但中国古代科举制度为等级之间的流动提供了通道，“朝为田舍郎，暮登天子堂”，因此不少人相信勤奋学习可改变自己的地位。人们有机会出人头地，所以相信事在人为的谚语也就相应产生。

8. 重农轻商的谚语举例有：若要富，土里做；若要饶，土里刨；衙门钱，一蓬烟；生意钱，六十年；种田钱，万万年。重商轻农的谚语举例有：以贫求富，农不如工，工不如商；经商言利，天经地义。中国古代是一个士、农、工、商并存的社会，士阶层要宣扬“万般皆下品，惟有读书高”的理念，农民要宣扬“手中有粮，心中不慌”的理念，手工业者要宣扬“养身百计，不如随身一艺”的理念，商人要宣扬“要想富得快，最好做买卖”的理念。

以上列举了民间谚语中八个方面表现多元的内容，实际当然远远不止这些。民谚多元纷呈的局面，是与古代社会的经济结构、职业群体、文化传统的多元化密切相关的。民谚多元化所起的作用，主要表现在两个方面。第一，调适了复杂社会不同群体的心理生活，弥补古代儿童启蒙教育的不足。《三字经》《弟子规》等教材，展示的价值观念都拘泥于单一的儒家文化，虽能满足道德生活需求，但对生产、就业方面论述甚少。而多元化的民谚可以弥补这些缺陷。第二，增强社会活力。民谚的多元性与一个社会的多元性密切相关。社会的多元性决定民谚多元化，民谚多元化反过来又促进社会多元性。对此，需要我们有鉴别地加以对待，有扬弃地加以继承。

中庸之道
中国的政治智慧

“执其两端而用其中”的中庸之道作为中国人立身行事的一种方法论，已经深深渗透到了中国的社会文化心理之中。每个置身其中的社会成员，都无法摆脱那与生俱来的中庸的思维模式和价值观。

中四大文明古国的唯一硕果仅存者，而且又是讲究入世、内倾的世俗文明，因此，若论生存智慧，中国肯定不会输于别人。我这里仅以“中庸之道”为例释之。

“中庸”一词，出自《论语·雍也》。孔子说：“中庸之为德也，其至矣乎！民鲜久矣。”意思是，中庸乃至高的道德修养境界，长久以来，很少有人能做得到了。“中庸”含义是什么？朱熹解释说：“子程子曰：不偏之谓中，不易之谓庸。中者天下之正道，庸者天下之定理。”“中庸者，不偏不倚，无过不及，而平常之理，乃天命所当然，精微之极致也。”按照当代学者庞朴的解释，有人认为事物是一分为二，中庸之道则认为事物一分为三，在左右两个端点之间还有一个中间端点，因此中庸之道主张人们要“执其两端而用其中”。

“执其两端而用其中”的中庸之道作为中国人立身行事的一种方法论，已经深深渗透到了中国的社会文化心理之中。每个置身其中的社会成员，无论你愿不愿意，承不承认，你都无法摆脱那与生俱来的中庸的思维模式和价值观。这在我们建设国家政治制度和改革路径方面都有鲜明的体现。

一是善于在现实中的两个端点之间寻找中端点。20世纪曾经出现以苏联为首的社会主义阵营和以美国为首的资本主义国家阵营两个端点，而中国共产党人经过探索，则决定在苏联模式和西方模式之间建设中国特色的社会主义制度。比如说苏联是一党制，西方是多党制，我们则是居于两者之间的共产党领导的多党合作与政治协商制度，试图借鉴两者的优点，同时避免两者的缺点；原来的苏联斯大林模式强调权力的高度集中，形成了不合理的各种各样的垄断，西方国家强调分权制衡，我们中国则建立民主集中制，民主强调相互制约的，所以邓小平亲自提议规定国务院的组成成员不能到人大常委会当委员。政府的行政权和司法权也是相互制约的。但我们不搞西方的三权分立，坚持人民代表大会制度下的“一府两院制”。我们不能搞前苏联那一套，也不搞西方的那一套，我们分析每个制度的优点和缺点，学习它的优点，避开其缺点。这是中庸之道的智慧。

二是要善于在历史传统与现实需要两个端点之间寻找一个过渡端点来解决阶段性问题。比如打倒“四人帮”之后，必须要对“文革”期间遭受迫害的老干部平反昭雪、恢复工作。他们年龄已经不小，该退休了，但打倒“四人帮”以后，“文革”期间发家的那些人当然总体上不能继续任用了，国家由谁来管呢？只有这些老干部了。可是这些老干部毕竟很多年迈体弱，精力和智力很难适应现代化的需要。怎么办呢？邓小平在提出领导干部要“革命化、年轻化、知识化、专业化”的同时，搞了一个任期十年的顾问委员会，顾问委员会对年轻干部“扶上马，送一程”。这就是一个过渡时期，在起点和目标当中找到一个过渡。再比如说我们搞市场经济，邓小平早就想搞市场经济了，但是我们的办法是先保计划经济，然后再发展乡镇企业，在体制外再发展出一个市场经济的体制。比如说我们的价格双轨制，一方面保留计划经济的产品价格体制，另外发展市场产品价格，这都是过渡。这就是不要一步到位，要善于找中间的过渡作为桥梁，达到下一个目标。创设“死刑缓期执行制度”也是这样。原来要么判处有期徒刑，要么就是死刑，没有过渡，最后我们设计出一个死缓，这就过渡了。什么事情能搞一个中间过渡的，就可以避免大的动荡。

三是善于在起点和目标之间分步到位，设置过渡性中间目标。就像我们在高速公路一样，总是要有一个加油站然后再跑，不能一个高速公路都没有加油站，所以总需要搞一个过渡再往前走。例如，邓小平在上个世纪 80 年代初提出要在 21 世纪中叶基本实现“四个现代化”的目标，为此他提出了“三步走”的发展战略，第一步是在 90 年代实现国民生产总值比 1980 年翻一番，解决人民的温饱问题；第二步是到本世纪末，使国民生产总值再翻一番，使人民生活达到小康水平；第三步是到二十一世纪中叶使国民生产总值再翻两番，达到中等发达国家的水平，基本实现现代化。邓小平的“三步走”战略使得我国的发展循序渐进，防止了上个世纪50年代“大跃进”的错误的出现，也防止了骄傲自满、故步自封、停滞不前问题的发生。

中国的改革开放比较平稳，我觉得成功之处之一，就是“中庸之道”的思维方式发挥了作用，它使得我们既反“左”，也反“右”，走不偏不倚的“中庸之道”，这种“中庸之道”绝不是有人误解的“和稀泥”、无原则之道，而是不搞极端、量变和质变相结合、阶段革命论和不断革命论相结合的辩证法之道。

第三辑

中国法治该往何处去

特权

党员犯法，加等治罪

董必武是第一个提出“党员犯罪，加等治罪”的领导人。表明了我们党的大公无私。更表明中国共产党对党员的要求比非党员要严格得多。

检索历史文献，可以发现，在老一辈无产阶级革命家中，董必武是强调党员和党员领导干部必须严格遵守法治最多的党和国家领导人，他外表温和慈祥，内心却有着许多人难以企及的对民主法治坚强不屈的追求、信仰！

董老是第一个提出“党员犯法，加等治罪”的领导人。1940年8月20日，董必武在陕甘宁边区中共县委书记联席会上发表的讲话中说道：听说有些党员同志犯了法，因为他自以为是党员，就想不受国家的审判和处罚；而有些地方党组织也觉得党员犯法是党内的事，想让他逃避国家的审判和处罚。这都是不对的！党员如果违反了党所领导的政府的法令，除应受到党纪制裁之外，应比群众犯法加等治罪。为什么呢？因为群众犯法有可能是出于无知，而党员是群众中的觉悟分子，觉悟分子犯罪是不能宽恕的，是应当加重处罚的。不然的话，就不能服人。从前封建时代有“王子犯法，与庶民同罪”的说法，从这一说法中可以看出人民希望法律上平等的心理。难道我们共产党不应当主张比封建时代传承下来的一点法律上的平等更前进一步吗？因此，董老请求陕甘宁边区的党组织通过一个决议，警告我们党员必须遵守边区政府的法令。党员犯罪，加等治罪。这不是表示我们党的严酷，而是表示我们党的大公无私。党绝不包庇罪人，绝不容许在社会上有特权阶级。党员绝不例外，而且要加重治罪，这更表示党对党员的要求比非党员要严格得多。

董老是党内第一个、也是最多一个揭露、批评部分党员和党员领导干部认为法律是管老百姓、而不是管自己的特权意识的领导人。1954 年 5 月 18 日董老在中国共产党第二次全国宣传工作会议上的讲话中指出，在党员、干部中，甚至在高级干部中，认为天下是他打下来的，国家是他创造的，国家的法律是管别人的，对他没有约束力，他可以逍遥法外。同年 9 月 24 日，董老在第一届全国人民代表大会第一次会议上的发言中再次指出，有些干部居功自傲，不把国家的法律、法令放在眼里，以为法律是用来管老百姓的，似乎自己可以不遵守，违了法也不要紧。

董老是党内第一个、也是最多一个提出国家工作人员是守法的重点。他在 1954 年 5 月 18 日的中国共产党第二次全国宣传工作会议上的讲话中首次强调了一次；紧接着在同年 6 月 20 日中央政法干部学校所作的报告中又强调了一次；1956 年董老在党的八大所做的大会发言中铿锵有力地直言：今后对于那些故意违反法律的人，不管他现在地位多高，过去功劳多大，必须一律追究法律责任。

董老的上述主张是党的高层共识。抗战时期发生在延安的“黄克功事件”能够说明这一点。黄和抗大学员刘茜谈恋爱未果，枪杀了刘。延安对此案召开了公审大会，当法官让黄陈述己见时，他交代了犯罪经过，作了扼要的检讨。休庭片刻后，审判长一字一顿地宣布了判处黄克功死刑、并立即执行的判决。

就在这时，一位工作人员骑马来到会场，给审判长雷经天一封信。主席台上先传出声音：“信，毛主席的信。”大会主持人招手让黄克功回到原来的位置上，因为毛主席的信中建议要当着黄克功本人的面，向公审大会宣读——

雷经天同志：

你及黄克功的信均收阅。

黄克功过去的斗争历史是光荣的，今天处以极刑，我及党中央的同志都是为之惋惜的。但他犯了不容赦免的大罪，一个共产党员、红军干部而有如此卑鄙的，残忍的，失掉党的立场的，失掉革命立场的，失掉人的立场的行为，如赦免他，便无以教育党，无以教育红军，无以教育革命，根据党与红军的纪律，处他以极刑。正因为黄克功不同于一个普通人，正因为他是一个多年的共产党员，正因为他是一个多年的红军，所以不能不这样办。共产党与红军，对于自己的党员与红军成员不能不执行比一般平民更加严格的纪律。当此国家危急革命紧张之时，黄克功卑鄙无耻残忍自私至如此程度，他之处死，是他自己的行为决定的。一切共产党员，一切红军指战员，一切革命分子，都要以黄克功为前车之鉴。请你在公审会上，当着黄克功及到会群众，除宣布法庭判决外，并宣布我这封信。对刘茜同志之家属，应给以安慰与体恤。

毛泽东

1937 年 10 月 10 日，随着雷经天的声音停止，大家再将目光转向黄克功时，他如梦醒来，高高地扬起头，然后连呼三遍口号。呼罢，在行刑队押送下走向了自己生命的终点。

国情
要认清中国宪法制度的特色和问题

中国宪法拥有五个特色，它表现了中国人的传统智慧：中庸之道。我们既不搞苏联那套，也不搞西方那套，我们希望通过中庸之道，在西方和苏联两极当中走出中国的特色之路。中国的特色制度还存在很多问题，但这毕竟产生于中国的土壤，要靠中国的智慧去解决。

记者：一般来讲每个国家都有自己的宪法，不管是成文的宪法典或不成文的宪法性法律。一个国家的基本制度构架和制度特点也集中地表现在它的宪法文本当中。中国特色社会主义制度，“特色”是一个非常鲜明的词汇，在您看来，我们的宪法特色在哪里？

郝铁川：我们在论述中国的社会主义制度的时候，特别突出强调“中国特色”。而在公法领域，最容易创造自己国家和民族特色的，就是宪法。中国的宪法分四章，一百三十八条，三十一条修正案。

中国宪法的第一个鲜明的特色就是它规定了中国共产党领导的

多党合作和政治协商制度。不同于西方“执政党”和“在野党”的区别，我们有所谓“执政党”和“参政党”的划分。中国共产党领导的多党合作和政治协商制度最主要的特色表现在党际关系和党政关系上，这个极具特色的政党制度最主要的政治功能，一是使中国这样一个多民族、低起点的后发国家保持统一、稳定和发展；二是集中力量办大事。

记者：这个制度虽然有这样的特点，作用也很明显，但似乎也存在不少亟待解决的问题，比如党政关系中以党代政的问题，党际关系中加强监督的问题，您如何看待这些问题？

郝铁川：在我看来，中国特色的政党制度主要有三个方面问题需要解决。一、怎样既提高共产党的执政能力，又提高民主党派的参政能力。从全世界来看，党与党之间的互相监督，是增强党内活力的一个重要经验。二、既要保持增进共产党维护集体人权的能力，又要进一步提高共产党保障个体权利的能力。中国共产党维护集体人权的能力是非常强的，不要说我们发展经济、改善民生取得了很大的成绩，相比于旧中国，普通中国人的生存境遇确实有了翻天覆地的变化。我的祖母是一个农村妇女，她说共产党真好，就是两点：消灭了土匪、整治了吸大烟，这些认识是非常朴实的。但同时我们要注意进一步提高共产党保障个体权利的能力，这就是习近平同志最近讲的，要让人民群众在每一个案件当中都能够体会到司法的正义。保障个体人权最主要的就是司法公正，所以保证司法公正的问题是我们需要研究的。三、怎样既保持增进共产党集中力量办大事的能力，又进一步地提高共产党防错纠错的能力。毛泽东在1956年曾说，像斯大林那样大规模破坏社会主义法治的事情，在西方的英法美国家不可能发生。邓小平后来说，毛泽东同志虽然认识到了这个问题，但还没有解决这个问题，以致发生了文化大革命。能办大事的优势不能丢，但同样要进一步提高共产党防错纠错的能力。

记者：除了领导体制和政党体制方面的特色，中国宪法在国家制度方面有何独特之处？

郝铁川：中国宪法的第二个特色是坚持人民民主专政。西方国家的宪法不讲国体，只讲政体，而中国宪法讲国体。国体就是讲哪个阶级专政，人民民主专政是各个阶级联合专政，不是一个阶级专政。我们将人民民主专政视为社会主义优越性的体现，即社会主义国家在人类历史上第一次实现了最大多数人对极少数人的统治。但人民民主专政也面临自身需要解决的问题。

一方面就是要依法民主，丰富民主形式。现代法治有两大功能：防止个人专断，防治无政府主义。我们过去善于用群众运动的形式，而没有把民主和法律结合起来，法律是民主的边界，也是民主的轨道。“文化大革命”这种脱离法治轨道的大民主事实上是无政府主义的表现。再要丰富民主的实现形式，不能把民主仅仅理解为投票，虽然投票是民主最重要最核心的内容，但民主是多层次的，除了投票票决以外，还有协商民主。另一方面要依法专政、保障人权。文明体现在对人权的保护上，即使是罪犯也有未被法律剥夺的一些人权。人民民主专政不仅要研究怎样依法民主，还要研究怎样依法专政。

中国宪法的第三个特色是坚持民主集中制。在人民代表大会制度上，我们没有学前苏联政府和议会一套人马的议行合一，而是规定政府组成人员不得任人大常委会委员，不能自己监督自己。在单一制的基础上，我们吸纳联邦制的优点，照顾地方差异、允许地方有活力。我们不仅有单一制下的典型的地方（省），还有直辖市和民族自治区，还有一国两制。这种央地关系是非常有特色的，地方自治权力有大小，可是又统一在单一制之下。

记者：经济体制和文化体制方面是否也有自己的特色？

郝铁川：中国宪法的第四个特色在经济体制上就是公有制为主体，多种经济成分共同发展。这种独特的经济制度奠定了中国社会主义市场经济的基础，也让我们的社会经济保持了活力，如果没有产权的多元化，就没有市场经济。现在需要研究的问题是，如何完善国家管理国有资产的体制、事项和方法。国资委究竟怎么搞，管不管项目？怎么把党管干部和市场选干部结合起来？公有制和私有制如何合作？

中国宪法的第五个特色体现在文化体制方面，宪法规定的加强社会主义精神文明建设。这个特色表现在一元和多样的结合，既规定了马克思主义的指导地位，还保障了宗教信仰自由，马克思主义的无神论，和宗教信仰的有神论相结合。但是思想文化领域，主要的问题是解决理论学术创新的体制、法制和机制。

这五大特色，表现了中国人的传统智慧：中庸之道。我们既不搞前苏联那套，也不搞西方那套，我们希望通过中庸之道，在西方和前苏联两极当中走出中国的特色之路。中国的特色制度还存在很多问题，但这毕竟产生于中国的土壤，要靠中国的智慧去解决。我们经常讲“条条大路通罗马”，这说明人类文明有多种模式；我们还讲“罗马不是一天建成的”，这说明文明的建设有个过程。希望我们国家在民主、法治、人权问题上，能在世界上创造一种独特的类型，真正实现人类文明的多样化。

落实
健全宪法制度是依宪治国的前提

宪法是依法治国、建设社会主义法治国家的基础和依据。因此当务之急是要积极采取切实措施，使依宪执政落到实处。

早在2005年3月，曾参加过1954年宪法和1982年宪法起草工作、把毕生精力都献给宪法起草、研究和教学的已故宪法学家许崇德教授，便在其《中华人民共和国宪法史》一书“序言”中指出：“依法治国首先应是依宪治国。因为宪法乃国家根本大法，是最高法。宪法确认并保护国家最根本的制度。如果宪法所规定的根本制度受到损害、侵犯或者破坏，那么，国家的根基就要动摇，社会主义的经济基础和人民民主专政的政权就不能巩固，广大人民就要遭殃。因此，如果丢掉了宪法，那无疑是丢掉了根本。如果治国而不依宪法，那就谈不上什么依法治国。”该书将要收笔之时，他又在最后一章“历史的启迪”中强调：“依法治国首先应是依宪治国，依法办事首先应是依宪办事。然而，宪法是依法治国、建设社会主义法治国家的基础和依据，关于这一点，目前未必人人都理解。而且，见诸行动尤为不足。因此当务之急是要积极采取切实措施，使之落到实处。”如今，依宪治国已正式写进党中央的文件中，九泉之下的许老当可颔首微笑。但如果问一声：依宪治国，宪法做好准备了吗？我看我们对此还不能十分乐观地点头称是。

第一，“党大，还是法大”在理论上是伪命题，在现实中破坏党的民主集中制而假借党的名义“以权代法”却是真问题。这是“依宪治国”所面临的一个不容回避的问题。

为何说“党大，还是法大”在理论上是伪命题？因为法律是党的意志和人民意志的有机结合和体现，任何政党、组织和个人都不能凌驾于法律之上；党领导人民制定法律，党带领人民模范遵守法律；党必须在宪法和法律的范围内活动，对违法犯罪的共产党员的惩办，应比违法犯罪的非共产党员加倍严厉。这些基本常识已清楚地转变为我国宪法和中国共产党章程的具体规定，理论上已不是什么问题。

但为何又说“党大，还是法大”在现实中却是真问题？因为上个世纪社会主义国家都普遍发生过严重违反社会主义法治的事情，今天一些领导干部以权压法仍是一个较为严峻的问题。

邓小平同志对上个世纪社会主义国家违反法治的历史教训的总结与反思，最全面、最深刻。他说，过去我们“往往把领导人说的话当作‘法’，不赞成领导人说的话就叫做‘违法’，领导人的话改变了，‘法’也就跟着改变”。因此，今后“必须使民主制度化、法律化，使这种制度和法律不因领导人的改变而改变，不因领导人的看法和注意力的改变而改变。做到有法可依，有法必依，执法必严，违法必究”。

从现实来看，最近揭露的许多腐败案件，都反映了一些领导干部知法犯法、以权压法的现象较为严重。因此，当法律与党组织某位领导的指示发生冲突时，究竟应该服从谁，这在现实社会中还是一个无法回避的问题。否则，党的十八届四中全会出台的《中共中央关于全面推进依法治国若干重大问题的决定》，就不会提出“一些国家工作人员特别是领导干部依法办事观念不强、能力不足，知法犯法、以言代法、以权压法、徇私枉法现象依然存在”。

第二，宪法解释应采用何种形式、经过何种程序，目前还没有制度化。

党的十八届四中全会提出要加强法律解释工作，及时明确法律规定含义和适用法律依据。既然要依宪治国，那首先就要加强宪法解释工作，明确宪法规定含义。否则就会影响到其他法律的实施。例如，剥夺罪犯的政治权利是我国刑法规定的附加刑之一，政治权利是由我国宪法所规定的，但现行宪法中哪些权利属于政治权利，目前并无权威的宪法解释。大多数学术著作对宪法所规定的权利和自由虽有分类，但这只是一种学术上的分类，而且学术界的分类也不尽一致。宪法的哪些规定应属于政治权利和自由的范围，这个问题似乎是不容争议的，因为人民法院在宣告剥夺某个罪犯的政治权利的时候，这个政治权利的内容必须是确定的，不然的话，执行起来就会遇到困难。

1993年3月中共中央在向第八届全国人大第一次会议主席团提交《关于修改宪法部分内容的建议的说明》中说道："这次修改宪法不是全面修改，可改可不改的不改，有些问题可以采取宪法解释的方式予以解决。"该文件同时还具体提出了一些问题，指明可以采取宪法解释的方式予以解决。因此中央是主张在必要时采用宪法解释方式的，我们现在推进依宪治国，有必要对宪法一些规定加以解释。

第三，可以考虑设立全国人大宪法监督委员会。

党的十八届四中全会提出了要加强宪法监督工作，而早在1993年3月中共中央提交给八届全国人大第一次会议主席团《关于修改宪法部分内容的建议的说明》中就说过："有人建议，在第七十条中增加规定全国人大设立宪法监督委员会的内容"，对此，该文件回应道："根据宪法第七十条的规定，全国人大可以设立专门委员会性质的宪法监督委员会，宪法可以不作规定。"因此，中央没有否定全国人大设立宪法监督委员会的必要性和可能性。现行《立法法》也规定了全国人大常委会对行政法规、地方性法规、自治条例和单行条例行使违宪审查权的程序，这表明为了依宪治国，现在设立宪法监督委员会很有必要。

改革

中国依法治国背景条件的独特性

中国的依法治国具有许多不同于西方的政治经济文化条件，对此保持清醒的认识，才能坚持中国特色社会主义理论、道路和制度的自信。

今天是昨天的延续，历史无法割断，仰望星空还须脚踩大地，因此，研究和推进依法治国必须注意“我们从何处来”（即依法治国的背景条件），既避免法治悲观主义，又防止法治浪漫主义，走好中国特色社会主义的法治道路。

我觉得，与西方国家相比，中国依法治国的背景条件主要表现在如下三个方面：

第一，我们是在独特的中国特色社会主义政治制度下推进依法治国的。法治是政治制度的一部分，不可能脱离整个政治制度而独立存在。西方国家是法治的先行者，但他们推行法治的政治制度与我们的政治制度是有重大不同的。例如：

政党是现代政治的发动机。西方实行的是两党和多党竞争制度，我们实行的是中国共产党领导的多党合作、政治协商制度。

政体是国家政权的组织形式。西方实行的是三权分立和两权分立（如英国议会内阁制），我们实行的是人民代表大会制度下的“一府两院”制。

国家结构是中央和地方关系的表现形式。西方实行的是联邦制和单一制，我们实行的虽然是单一制，但又有在单一制基础上的民族区域自治制度和特别行政区制度。

西方实行的是文官和政务官制度，我们实行的是以党管干部为原则的公务员制度。

西方实行的是军队中立于政党、只隶属于国家的制度，我们实行的是党领导军队原则。

诸如此类差别，还有不少。而这些差别都是由不同的历史选择和现实需要带来的必然性差别。

第二，我们是在独特的中国特色社会主义初级发阶段推进依法治国的。中国特色社会主义初级阶段的根本任务是要实现现代化。与西方现代化历史相比，西方的现代化主要是从农业社会转变为工业社会，而我们目前却面临着从农业社会到工业社会、从计划经济体制转变为市场经济体制的“双转型”；与西方现阶段相比，西方已是发达国家，中产阶层人口占国内人口的60%到70%，呈现“橄榄形”社会结构，而我们还是发展中国家，社会结构是“哑铃式”结构，黄金发展期与矛盾高发期并存。

第三，我们是在既要坚持反封建、又要坚持反“全盘西化”的条件下推进依法治国的。学界追溯西方民主法治的源头一般都从古希腊和古罗马说起，因为西方的现代化大都以“文艺复兴”“罗马法复兴”的方式展开；而中国的现代化过程，从鸦片战争一声炮响，西方侵略者武力押送资本主义，到“十月革命一声炮响，给我们送来马列主义”，再到改革开放，我们的现代化主要是在如何借鉴西方的过程中推进的。因此，我们必须坚持不懈地开展肃清封建主义残余的斗争。

邓小平在《党和国家领导制度的改革》讲话中指出，过去党和国家领导制度、干部制度中所存在的官僚主义现象、权力过分集中的现象、家长制现象、干部领导职务终身制现象和形形色色的特权现象，多少都带有封建主义色彩。封建主义的残余影响还不只这些。还有，社会关系中残存的宗法观念、等级观念；上下级关系和干群关系中在身份上的某些不平等现象；公民权利义务观念薄弱；经济领域中的某些“官工”“官商”“官农”式的体制和作风；片面强调经济工作中的地区、部门的行政划分和管辖，以至画地为牢、以邻为壑，有时两个社会主义企业、社会主义地区办起交涉来会发生完全不应有的困难；文化领域中的专制主义作风；不承认科学和教育对于社会主义的极大重要性，不承认没有科学和教育就不可能建设社会主义；对外关系中的闭关锁国、夜郎自大等等。

我们进行了二十八年的新民主主义革命，推翻封建主义的反动统治和封建土地所有制，是成功的、彻底的。但是，肃清思想政治方面的封建主义残余影响这个任务，因为我们对它的重要性估计不足，以后很快转入社会主义革命，所以没有能够完成。现在应该明确提出继续肃清思想政治方面的封建主义残余影响的任务，并在制度上作一系列切实的改革，否则国家和人民还要遭受损失。

在坚持反封建的同时，我们还要坚持反“全盘西化”。近代以来孙中山等有识之士都是一方面反封建，一方面反对“全盘西化”。孙中山把自己提出的“三民主义”中的民生主义就解释为“社会主义”，他不照搬“三权分立”，而根据中国历史传统提出“五权宪法”。邓小平在《党和国家领导制度的改革》讲话中指出：“在思想政治方面肃清封建主义残余影响的同时，决不能丝毫放松和忽视对资产阶级思想和小资产阶级思想的批判，对极端个人主义和无政府主义的批判。是封建主义残余比较严重，还是资产阶级影响比较严重，在不同的地区和部门，在不同问题上，在不同年龄、经历和教养的人身上，情况可以很不同，千万不可一概而论。此外，我国经历百余年的半封建、半殖民地社会，封建主义思想有时也同资本主义思想、殖民地奴化思想互相渗透结合在一起。由于近年来国际交往增多，受到外国资产阶级腐朽思想作风、生活方式影响而产生的崇洋媚外的现象，现在已经出现，今后还会增多。这是必须认真解决的一个重大问题。”

以上所论中国依法治国背景条件的特殊性提醒我们，推进中国的依法治国，确实必须坚持中国特色社会主义理论、道路和制度的自信，坚持循序渐进地推进依法治国。如果照搬别国的模式，必然会发生长期的社会动荡，人民生活、经济文化等急剧倒退；即便把中国变成一个资本主义国家了，那也是一个位居西方少数发达国家之后的二三流附庸国家，难以实现中华民族伟大复兴的目标。

诠释
党的领导、人民民主和依法治国相统一

人类历史总是先知先觉者带动后知后觉者、改造不知不觉者的发展过程。党的领导、人民民主和依法治国相统一大体能够反映历史发展规律和现代法治的运行过程。

党的领导、人民当家做主和依法治国相统一首先是作为一个政治命题提出的，因而已有不少政治性解说。那学理上该作何解释呢？本文做个尝试。

从哲学认识论的角度来说，党的领导、人民当家做主和依法治国相统一是否可以这样理解：人民中间有先知先觉者，有后知后觉者，有不知不觉者。真理开始往往掌握在先知先觉的少数人手里，然后启发中间多数的后知后觉者，最后一起去帮助带动少数落后的不知不觉者。中国共产党是先锋队，从理论上来说，应是真理的先知先觉者，然后通过林林总总的协商民主形式，和多数的后知后觉者达成共识，最后通过法定程序制定法律，通过道德和法律的相互作用，带动帮助了不知不觉者。

从法学一般理论来看，现代社会政党是政治的发动机。一个国家的重要立法往往都是由执政党整合各种民意，寻求社会最大公约数，然后拿到立法机关去周旋运作，变成法律文件。美国谁当了总统，那么总统所在的党就成为执政党，政府重要组成人员由总统提名，参议院批准；政府重要法律法令一般由总统所在的政党帮助草拟，由总统提交国会表决通过，国会里的反对党一般会借机与总统搞交易（利益交换），以换取彼此的主张都能变成法律、政策。英国议会内阁制的运作机制则是先有政党通过大选，争取在议会获得多数议席而成为执政党，党的领袖因而成为首相。重要的法律及政策由执政党提出，拿到国会与反对党搞交易，设法通过。在我国，重要的国家人事、法律、有关问题决定皆由执政党提出，然后到人大及其常委会争取赞成票，人大及其常委会表决通过，最后变成法律性文件。一般循着从党的主张到人大决定、再到法律这样一条轨道运行。因此，党的领导、人民民主和依法治国相统一大体能够反映现代法治的运行过程。

从发展政治学来看，美国亨廷顿在《变革社会中的政治秩序》一书里认为，完成现代化的国家是现代性国家，未实现现代性的国家叫现代化国家，而现代性产生稳定，现代化产生动荡；有稳定不见得有民主法治，但动荡绝不会有民主法治，“枪炮作响法无声”。因此，发展中国家最紧要的事情是保持稳定，而不稳定的力量，主要来自那些急于改变现状而全盘照搬西方模式的一些知识群体。其他政治学家通过比较发展中国家的现代化历史经验教训，认为一个党在发展中国家如果能够长期执政，比多党制或两党制容易保持稳定，有利于推进现代化，当然一个党长期执政必须特别要注意反腐败问题。其实更早以前，孙中山先生提出中国国家的现代化建设要经过军政（以军事手段统一国家）、训政（以一党执政来训练民众学会民主法治）和宪政（还权于民）三个阶段，其中含义和后来的亨廷顿等发展政治学教授们的主张大体一致，只不过孙中山先生是认真去想、去做的，而后来的蒋介石塞进了自己的封建专制元素，给孙先生的理论蒙上了灰尘。总之，发展中国家保持稳定的社会秩序，是其发展的前提，而一党长期执政有利于保持稳定，这是发展政治学的主流意见。因此，党的领导、人民民主和依法治国相统一大体与发展政治学的理论有一致之处。

这里有一个很具中国特色的问题值得研究：中国共产党是一个领导党（西方没有这样的概念）；是一个长期执政党（有参政党相伴，没有在野党，西方没有这样的政治现象）；是一个维护全民利益的党（不仅是无产阶级的先锋队，还是整个中华民族的先锋队。多年来，每年第一个一号文件不是关于工人问题的，而是关于三农问题的；这些表明中国共产党维护的利益不是哪一个阶级、群体的狭隘利益，而是全民利益。这在西方也是罕见的）。这三个特色在一般的政治学里找不到解释，在和外国学者交流此话题时，他们很感兴趣，但对我们的解释一时难以听懂，毕竟这对他们是个新事物。其实，对领导党、长期执政党和维护全民利益党这样一个中国共产党的特点问题，我们也没有深入研究，也没有很好的理论表述，大多停留在感性的经验阶段和感性的表达阶段。

有人说，谁能把改革开放以来的中国经济发展经验诠释清楚，谁就能获得诺贝尔经济学奖。我看谁能把与之相伴的中国政治发展经验从理论上说透彻，有严谨的学术论证，就像《资本论》对当时的资本主义剖析和毛泽东《论持久战》对抗战形势所作论断那样，谁就能获得学术殊荣。

监督
依法执政关乎依法治国成败

党的执政理念、执政方式关乎依法治国的成败。既要提高党的执政能力，又要增强民主党派的参政能力；既要善于开展党际合作，又要善于开展互相监督。

现代政治就是政党政治，政党是现代国家的发动机。中国共产党的独特性在于它是一个集领导党（历史形成的）、长期执政党和全民利益代表党于一身的政党，党的执政理念、执政方式关乎依法治国的成败，这已是人们的共识。

党依法执政的制度构架主要包括以下几点：

要把人民代表大会作为主要的执政平台。宪法规定一切权力属于人民，人民代表大会是国家权力机关，是人民行使国家权力的机构。它拥有立法权、国家机关主要领导人员的任免权、重大事项决定权和对“一府两院”的监督权等。人民代表大会在设计出发点上，就是打造一个共产党执政的平台，党对国家体系实施领导，完全可以通过建议的方式向人大提出，然后通过人大党组和委员、代表中的党员发挥作用，使党的主张转化为国家意志，以人大决定的方式通过政府和法院、检察院（以下简称“一府两院”）得到实施。

要把党对“一府两院”系统党员领导干部监督和人大对其选举产生的国家公职人员的监督相结合。从党内的角度来看，党的纪律检查系统，完全可以对“一府两院”党的系统实行直接监督，解决违反党纪的问题。但是，涉及国家事务方面，违反国家法律法规方面的问题，就应该诉诸人大的法律监督、工作监督和人事监督等手段加以解决。

通过在国家机关和人民团体设立党组，由这些党组按照法律、章程规定的程序，实现党“总揽全局、协调各方”的领导核心作用。而不要直接给“一府两院”下达指示命令，这容易给人大对“一府两院”的监督带来不便。

依法执政必须要以民主执政为基础。法治和民主相互依存，不可分割。缺乏民主程序、民意支持的法治是难以得到公民认同的。民主有多种形式，但核心离不开选举罢免权、赞成否决权。因此，民主从一定角度来看，就是“投票”，执政就是“抓票”。我们目前运用民主、“抓票”的能力有待提高。

执政要集约化执政，管理要精细化管理。应继续探索党政职能如何划分。党的十五大以来，中央提出要按照党总揽全局、协调各方的原则，改革和完善党的领导方式。党委既要支持人大、政府、政协和审判机关、检察机关依照法律和章程独立负责、协调一致地开展工作，及时研究并统筹解决他们工作中的重大问题，又要通过这些组织中的党组织和党员干部贯彻党的路线方针政策，贯彻党委的重大决策和工作部署。党领导经济工作，主要是把握方向，谋划全局，提出战略，制定政策，推动立法，营造良好环境。地方党委则结合本地实际，确定经济社会发展的基本思路和工作重点，加强和改进对经济社会重大事务的综合协调，确保中央的方针政策和各项部署的贯彻落实。涉及国民经济和社会发展规划、重大方针政策、工作总体部署以及关系国计民生的重要问题，由党委集体讨论决定，经常性工作由政府及其部门按照职责权限决策和管理。现在如何具体划分党政职能以及党如何领导国家机关，仍然是粗线条的，亟待细化。

既要提高党的执政能力，又要增强民主党派的参政能力；既要善于开展党际合作，又要善于开展互相监督。两者是一种一强俱强、一弱俱弱的关系。现在配合有余、监督不足的问题有待改进。原全国政协副主席、中国民盟第一副主席张梅颖在《政治协商制度的价值》一文（刊于《同舟共进》2014 第 10 期）中说："中国政治制度的设计是非常好的，但在发展过程中确实出现了一些具体问题，比如缺乏监督机制。过去开会时，一提到监督，就强调已经把监督含在参政议政里了，监督寓于参政议政之中，但其实这是两码事。"

依法培育管理民间组织，积极在民间组织开展党建工作。市场经济条件下的社会民间组织日益增多，既是"单位人"，又是"社会人"，甚至"无单位"，这是一种发展趋势。只有依法培育管理才能适应其趋势。党组织要善于进入民间组织，实现全覆盖，提高成活率。

时代
把握法治阶段性特点

从坚持社会主义初级阶段基本理论出发，我们既要反对法律虚无主义；又要反对法治浪漫主义，即：不顾法治的阶段性、复杂性和渐进性，去盲目照搬西方模式。

我们现阶段的依法治国，不是社会主义中级阶段，更不是高级阶段的依法治国，而是初级阶段的依法治国。所谓社会主义初级阶段，是指我国生产力落后、市场经济不发达条件下建设社会主义必须经历的特定阶段。它是一个长期动态的发展过程，从20世纪中叶生产资料社会主义改造基本完成到21世纪中叶基本实现现代化，至少需要上百年时间，都属于社会主义初级阶段。在这个阶段，我国经济、政治、文化、社会生活各方面存在着种种矛盾，但社会的主要矛盾仍是人民日益增长的物质文化需要同落后的社会生产力之间的矛盾。这个主要矛盾贯穿于我国社会主义初级阶段的整个过程和社会生活的各个方面。

从我国现实状况看，社会经济总体上还处于不发达状态。主要表现为三个方面：一是社会生产力总体水平不高。人口众多，不发达，不是经济强国，没有从根本上摆脱不发达状态，这是中国最大国情。二是城乡、区域发展不平衡。城乡发展不平衡，城镇化水平总体不高。三是贫困人口和低收入人口还有相当数量。目前，我国城乡低保人口有7400多万人，靠领取最低生活保障金过日子。

社会主义初级阶段社会现状的重要特点就是黄金发展期（又称战略机遇期）与矛盾高发期并存。黄金发展期体现在我们改革开放仅用了30多年的时间，就走完了西方发达国家过去300年的路程；矛盾高发期体现在由于社会经济的快速发展带来了社会治安、民生、环保、腐败、贫富差距拉大、社会保障制度落后等一系列严重问题。表现在法治领域，就是一方面经过30多年的努力，2010年年底中国特色社会主义法律体系形成，国家经济建设、政治建设、文化建设、社会建设以及生态文明建设的各个方面都实现了有法可依，中国法治建设的主要矛盾已经从有法可依转向有法必依；另一方面，改革开放以来，我国执法和司法工作有了巨大发展，不仅建立起完善的执法和司法体制，而且建立起一支具有专业素质的执法和司法队伍。但是，与人民群众对严格执法和公正司法的要求相比还有较大差距。

社会生产力的迅猛发展与经济基础的急剧变化，往往会引起上层建筑、价值观领域的不适应现象，这在社会转型时期难以避免。欧洲18、19世纪工业革命时期也有类似情况。19世纪英国以反映现实生活见长的作家狄更斯在其小说《双城记》中写道：这是一个最好的时代，这是一个最坏的时代；这是一个智慧的年代，这是一个愚蠢的年代；这是一个光明的季节，这是一个黑暗的季节；这是希望之春，这是失望之冬；人们面前应有尽有，人们面前一无所有；人们正踏上天堂之路，人们正走向地狱之门。

美国“镀金年代”（1865年—1898年）被称为美国发展史上的黄金时代、科技史上的发明时代、政治史上的腐败和黑暗时代、工农运动最频繁的时代以及美国对外扩张的时代。这个时代美国完成了两个过渡：一是从农业国向工业国的过渡；二是自由资本主义向垄断资本主义的过渡。“镀金年代”来源于1874年马克·吐温与另一位作家合写的长篇小说《镀金时代》，小说描写这个时代是：表面的繁华无比，掩盖的却是腐败的气息、道德的沦丧以及其他潜在的危机。在很多人看来这是一个“黄金时代”，实际上是内里虚空、矛盾重重的“镀金时代”。

当时美国的各级政府，几乎被小圈子的利益集团把持，然后把政府官员的职位和政府合同，作为奖励自己支持者的分肥手段。这时美国还没有建立公开考试，以技术职能录取官员的公务员制度，实行的是分肥制度，即政府各级官员的任免，是根据其对新当选的总统、州长和市长的支持程度而决定。这个时期的司法腐败也令人咋舌。一个完全清白的市民走在街上，突然被警察给逮起来了。于是就被检察官控告犯下了各种罪。这个时候，你上了法庭，有专业的“目击者”出来作证，证明你犯了罪。法官可以很明确地判定你有罪，但是很和蔼地告诉你，你是可以用钱摆平的。要么付钱走人，要么到监狱里面待着，任君选择。

因此，在农业社会向工业社会转型的现代化时期，各国都容易出现一方面经济繁荣，另一方面社会危机四伏的情况。对比西方，我们现在的情况要比它们好过不知多少倍！

从坚持社会主义初级阶段基本理论出发，我们既要反对法律虚无主义，不能以社会转型中的社会关系不够稳定、法治的条件不完全具备为由，就对依法治国采取叶公好龙的态度；又要反对法治浪漫主义，即不顾法治的阶段性、复杂性和渐进性，去盲目照搬西方模式。

转折
中国共产党召开过的四次法制建设重要会议

新中国成立以来，党中央召开了四次关涉法制建设的重要会议。其中第一、第二次的主要任务是立法。第三次主要解决由计划经济条件下的建设型法治向市场经济体制下的建设型法治的转变；第四次会议也就是党的十八届四中全会，对全面推进依法治国作出了全面部署。

新中国成立以来，党中央召开的一些会议曾多次提到法治建设问题。这其中有四次具有标志性意义。

第一次是在 1956 年党的八大提出的，内容主要有两点：一是由于农业、工商业和手工业生产资料所有制三大改造的实现，社会主义革命已经基本上完成，国家的主要任务已经由解放生产力变为保护和发展生产力，因而必须加强人民民主法制，巩固社会主义建设秩序。逐步地、系统地制定完备的法律。二是强调一切国家机关和国家工作人员必须严格遵守国家法律。

第二次是在1978年年底召开的党的十一届三中全会提出的，内容主要有两点：一是提出党的工作中心要由阶级斗争为纲转变为经济建设为中心，与之相应的是，强调必须加强法制，使民主制度化、法律化，使这种制度和法律具有稳定性、连续性和极大的权威，“不因领导人的改变而改变，不因领导人看法和注意力的改变而改变”。二是提出社会主义法治建设的“十六字”方针，即：“有法可依，有法必依，执法必严，违法必究。”

第三次是1997年党的十五大。内容主要有七点：一是把依法治国确定为党领导人民治理国家的基本方略；二是在实施依法治国基本方略中，要把坚持党的领导、发扬人民民主和严格依法办事统一起来，保证党始终发挥总揽全局、协调各方的领导核心作用；三是到2010年形成有中国特色社会主义法律体系；四是政府机关都必须依法行政，实行执法责任制和评议考核制；五是推进司法改革，从制度上保证司法机关依法独立公正地行使审判权和检察权，建立冤案、错案责任追究制度；六是深入开展普法教育，着重提高领导干部的法制观念和依法办事能力；七是法制建设同精神文明建设必须同步推进。

第四次就是刚刚结束的党的十八届四中全会，对全面推进依法治国作出了全面部署。内容主要有三点：一是提出坚持和拓展中国特色社会主义法治道路；二是提出全面推进依法治国的总目标和工作部署；三是提出推进依法治国的重点任务是着力推进科学立法、严格执法、公正司法、全民守法、加强法治队伍建设、推进法治领域改革等。

一般说来，一种社会形态下的国家会经历建立、建设和管理三个时期，法治相应经过革命型法治（为夺取政权服务）、建设型法治（为巩固政权立法）和管理型法治（依法管理政权和社会）三个阶段。这四次会议讲法治，第一次主要解决由新民主主义时期的革命法治向社会主义建设时期的建设型法治的转变问题，立法是主要任务；第二次主要解决由所谓无产阶级专政下继续革命的极左法治（如“公安六条”）向社会主义改革开放时期的建设性法治的转变，主要任务依然是立法；第三次主要解决由计划经济条件下的建设型法治向市场经济体制下的建设型法治的转变；这一次是市场经济建设型法治向管理型法治转变的开始，因为2010年法律体系已经建立，现在主要任务是实施。

我觉得，这次提出要全面推进依法治国的起因是：

一是怎样总结过去社会主义国家在法治问题上犯过的“左”和“右”两方面的历史经验教训，把握今天依法治国的正确方向？“左”的教训是阶级斗争扩大化，严重违反社会主义民主法治，造成大规模冤假错案；“右”的教训是改变社会主义方向，实行全盘西化，造成国家分裂、社会动荡。因此，不搞法治不行，乱搞法治也不行。只有把坚持党的领导、人民民主和依法治国有机结合才是正确方向。

二是怎样跳出发展中国家政治发展的陷阱（如民主陷阱）和经济发展的陷阱（如收入分配、城市化、资本账户、产业升级、社会服务滞后等），用法治保障全面建成小康社会和全面深化改革？中国属于发展中国家，但同时还是一个从计划经济向市场经济转变的国家，因此面临的问题比其他发展中国家所遇到“陷阱”还要多、还要复杂，解决这些问题最稳妥的办法是法治。因为法治系统通过立法环节容易使改革方案凝聚共识，通过执法和司法环节容易使改革措施落实有力，通过守法环节容易使改革成果持久显现。

三是怎样避免像上个世纪40年代蒋经国在上海70天打老虎那样的运动式反腐或选择性反腐，而实现反腐常态化？众所周知，建立不敢腐、不能腐、不必腐、不想腐的完整稳定的反腐败体制机制，要靠法治。这已被古今中外的反腐实践所证实。党坚持从严治党，坚持法律面前人人平等的原则和保证检察院依法独立行使检察权和法院依法独立行使审判权，就可以“老虎、苍蝇一起打”，防止运动式反腐和选择式反腐。

这次全会通过的决定，是党的历史上第一个加强法治建设的专门决定。与以往相比，其最大特点就是全面且有重点地推进依法治国。因为它要在2010年建立了社会主义法律体系的基础上，进一步建设中国特色社会主义法治体系，这是前所未有的事情。“全面”体现在其内容涉及内政国防外交、治党治国治军等，“重点”是如何坚持和拓展中国特色社会主义法治道路。

规范
媒体应带头使用法言法语

媒体是人们获得知识信息的主要载体之一，如果作为公众人物的媒体主持人传播虚假法律知识、不尊重法言法语，那么会损害国家大力推动的普法活动。

公众人物的言谈举止具有广泛的影响力，在建设法治社会中具有举足轻重的作用。我们高兴地看到，有些媒体对此有充分的认识。例如，新华社前几年就规定了通讯报道中的第一批禁用词，体现了维护法治权威的意识。

在第一类“社会生活类的禁用词”中，规定了对有身体伤疾的人士不使用“残废人”“独眼龙”“瞎子”“聋子”“傻子”“呆子”“弱智”等蔑称，而应使用“残疾人”“盲人”“聋人”“智力障碍者”等词语。这些规定体现了对残疾人士的尊重，体现了反歧视和人权保障的时代精神。

在第二类“法律类的禁用词”中，在新闻稿件中涉及如下对象时不宜公开报道其真实姓名：（1）犯罪嫌疑人家属；（2）涉及案件的未成年人；（3）涉及案件的妇女和儿童；（4）采用人工授精等辅助生育手段的孕、产妇；（5）严重传染病患者；（6）精神病患者；（7）被暴力胁迫卖淫的妇女；（8）艾滋病患者；（9）有吸毒史或被强制戒毒的人员。涉及以上这些人时，稿件可使用其真实姓氏加“某”字的指代，如“张某”“李某”，不宜使用化名。这些规定体现了不得株连无辜、保障妇女儿童权益、保障公民隐私、罪责相适应、处罚比例原则等现代法治精神。此外还规定，对刑事案件当事人，在法院宣判有罪之前，不使用“罪犯”，而应使用“犯罪嫌疑人”，这一规定体现了无罪假定、罪刑法定的现代法治精神。在民事和行政案件中，原告和被告法律地位是平等的，原告可以起诉，被告也可以反诉。不要使用原告“将某某推上被告席”这样带有主观色彩的句子，这一规定体现了法律面前人人平等的现代法治精神。不得使用“某某党委决定给某政府干部行政上撤职、开除等处分”，可使用“某某党委建议给予某某撤职、开除等处分”，这一规定体现了党要在宪法和法律规定的范围里活动的宪法和党章原则。不要将“全国人大常委会副委员长”称作“全国人大副委员长”，也不要将“省人大常委会副主任”称作“省人大副主任”，各级人大常委会的委员，不要称作“人大常委”；“村民委员会主任”简称“村主任”，不得称“村长”，村干部不要称作“村官”，这些规定体现了对法言法语的尊重。在案件报道中指称“小偷”“强奸犯”等时，不要使用其社会身份作前缀，这一规定体现了防止对特定群体造成歧视的现代法治平等精神。国务院机构中的审计署的正副行政首长称“审计长”“副审计长”，不要称作“署长”“副署长”；各级检察院的“检察长”不要写成“检察院院长”，这些规定体现了对法言法语的尊重。

在第三类“民族宗教类的禁用词”，规定了（1）对各民族，不得使用旧社会流传的带有污辱性的称呼。不能使用“回回”“蛮子”等，而应使用“回族”等。也不能随意简称，如“蒙古族”不能简称为“蒙族”，“维吾尔族”不能简称为“维族”，“哈萨克族”不能简称为“哈萨”等。（2）禁用口头语言或专业用语中含有民族名称的污辱性说法，不得使用“蒙古大夫”来指代“庸医”，不得使用“蒙古人”来指代“先天愚型”等。（3）少数民族支系、部落不能称为民族，只能称为“××人”。如“摩梭人”“撒尼人”“穿（川）青人”“僜人”，不能称为“摩梭族”“撒尼族”“穿（川）青族”“僜族”等。（4）不要把古代民族名称与后世民族名称混淆，如不能将“高句丽”称为“高丽”，不能将“哈萨克族”“乌孜别克族”等泛称为“突厥族”或“突厥人”。（5）“穆斯林”是伊斯兰教信徒的通称，不能把宗教和民族混为一谈。不能说“回族就是伊斯兰教”“伊斯兰教就是回族”。报道中遇到“阿拉伯人”等提法，不要改称“穆斯林”。（6）涉及信仰伊斯兰教的民族的报道，不要提“猪肉”。（7）穆斯林宰牛羊及家禽，只说“宰”，不能写作“杀”。这些规定体现了民族平等原则和对少数民族风俗习惯的尊重，体现了法律对民族概念的规定及维护民族团结的原则。

然而，目前公众人物言行不符合法言法语的问题还很多。如被网友所批评的某家电视台报道的新闻节目中不符合法言法语的事例有：（1）“1 月 7 日，北京市公安局丰台分局以涉嫌非法持有毒品罪对尹相杰批准逮捕。”批准逮捕机关是检察院，而非公安机关。（2）“内蒙古 18 岁青年呼格吉勒图被认定奸杀一女子，案发六天即被执行死刑。”这不符合最起码的办案期限规定，是不可能发生的事情，可能是被逮捕，误弄成被执行死刑。（3）“山东省高级人民检察院”。法律上不存在“高级人民检察院”的制度。（4）“佳木斯市中级人民检察院”。法律上没有“中级人民检察院”的制度。（5）“快播法人王欣被捕归案”。“法人”不是自然人，而是拟制的人，应为“法定代表人王欣”。（7）“涉毒艺人，各大演出公司永不录用”。这不符合《中华人民共和国禁毒法》第 52 条的规定：戒毒人员在入学、就业、享受社会保障等方面不受歧视。（8）“婚姻法规定，男满 25 周岁、女满 23 周岁的初婚为晚婚”。其实，婚姻法没有规定晚婚的年龄。

媒体是人们获得知识信息的主要载体之一，如果作为公众人物的媒体主持人传播虚假法律知识、不尊重法言法语，那么会损害国家大力推动的普法活动。

重点
不同历史时期的民主与法治

全面推进依法治国，须知道它的重点在哪里，须知道依法治国首先是把我们执政者自己装进制度的笼子里，依法治国主要不是对付别人，而主要是管住自己。

一个政党在不同时期有不同的中心任务，作为政治斗争或政治体制一部分的法治在不同时期也有不同的功能。

我们党作为夺取政权时期的革命党，其民主法治理念有如下两个特点：

第一，我们在敌占区把民主法治作为对敌人开展合法斗争的工具。抗日战争时期，毛泽东同志指出，在日本与国民党有巩固统治的一切地方绝对不能采用流血的武装斗争形式，而只能采用不流血的和平斗争形式，即合法的公开斗争与非法的秘密斗争形式。中国虽然不是民主的法制的国家，人民没有政治自由，但是国民党反动政府的法律、社会的习惯，依然有许多可以利用，有很多矛盾、间隙、漏洞是可以被我们利用的。因此在一切日本人及国民党有巩固统治的区域只有采取合法的能够公开的各种各色的斗争形式，才能一般地避免反动政府的逮捕与解散，才能保全力量与积蓄力量。有许多是非法的斗争，也只有采用公开合法的形式才有胜利的可能。

第二，在革命根据地把民主法治作为揭露敌人黑暗统治、争取人民拥护的工具。抗战时期，毛泽东同志亲自参加了体现保障民主、人权、法治精神的《陕甘宁边区施政纲领》的改写和最后修订。他说，制定这样一个纲领，就是把抗日战争与民主制度结合起来，使边区成为民主的模范，做一个样子给全国看，给全国一个参考，成为全国的一个样本，由此来推动"全国民主化"。因此，毛泽东同志特别重视对《陕甘宁边区施政纲领》的宣传工作，他对不同地区、不同单位的宣传工作提出了不同的要求：边区党委要以此纲领加重教育并切实遵照实施；在国民党统治区域、日本占领区及海外侨胞中，要广泛散布此纲领，在重庆、香港、上海、菲律宾、新加坡、纽约等地要召集座谈会，征求各界意见与批评，在其他压迫严重地方则秘密散布；在军队中机关中学校中均以此做教材，须加熟读，并利用邮局及其他办法，散发至国民党军队中去。

革命党时期这两个民主法治理念的特点，归结起来就是视民主法治为对敌斗争的一种主要工具，而革命队伍内部虽然也有革命法制，但更主要的是靠理想和纪律的约束。把民主法治作为对敌斗争工具的观念是有历史合理性的，因为它服务于当时以夺取政权为中心的大局需要。马克思主义坚持革命的阶段论和不断革命论的统一，在推翻帝国主义、封建主义和官僚资本主义三座大山的民主革命年代，武装斗争、地下工作是主要的革命手段，尤其是武装斗争更是中心任务。如果拘泥于旧的法律而不可自拔，那就无法革命，无法破旧立新。

但当我们党由革命党转变为执政党之后，虽然还有敌对分子、犯罪分子需要依法专政，但民主法治更主要的是约束执政党自身。如同习近平同志 2015 年 2 月 2 日在省部级主要领导干部学习贯彻十八届四中全会精神全面推进依法治国专题学习班开班式上讲话所说的那样：

第一，依法治国的主要任务之一就是要把权力关进制度的铁笼子里。依法治国的关键是约束国家公权力的运用，权力是一把双刃剑，在法治轨道上行使可以造福人民，在法律之外行使则必然祸害国家和人民。把权力关进制度的笼子里，就是要依法设定权力、规范权力、制约权力、监督权力。树立法治思维，就是要依法按权限和程序办事，始终坚持有权必有责、用权受监督、违法必追究、侵权须赔偿。

第二，依法治国必须抓住领导干部这个“关键少数”。在现实生活中，一些领导干部法治意识比较淡薄，有的存在有法不依、执法不严甚至徇私枉法等问题，影响了党和国家的形象和威信，损害了政治、经济、文化、社会、生态文明领域的正常秩序。各级领导干部的信念、决心、行动，对全面推进依法治国具有十分重要的意义。领导干部要做尊法的模范，带头尊崇法治、敬畏法律；做学法的模范，带头了解法律、掌握法律；做守法的模范，带头遵纪守法、捍卫法治；做用法的模范，带头厉行法治、依法办事。领导干部都要牢固树立宪法法律至上、法律面前人人平等、权由法定、权依法使等基本法治观念，对各种危害法治、破坏法治、践踏法治的行为要挺身而出、坚决斗争。各级领导干部尤其要弄明白法律规定我们怎么用权，什么事能干、什么事不能干，心中高悬法律的明镜，手中紧握法律的戒尺，知晓为官做事的尺度。不能把党的领导作为个人以言代法、以权压法、徇私枉法的挡箭牌。领导干部要牢记法律红线不可逾越、法律底线不可触碰，带头遵守法律、执行法律，带头营造办事依法、遇事找法、解决问题用法、化解矛盾靠法的法治环境。谋划工作要运用法治思维，处理问题要运用法治方式，说话做事要先考虑一下是不是合法。领导干部要把对法治的尊崇、对法律的敬畏转化成思维方式和行为方式，做到在法治之下、而不是法治之外、更不是法治之上想问题、作决策、办事情。党纪国法不能成为“橡皮泥”“稻草人”，违纪违法都要受到追究。

因此，全面推进依法治国，须知道它的重点在哪里，须知道依法治国首先是把我们执政者自己装进制度的铁笼子里，依法治国主要不是对付别人，而主要是管住自己。

求是
哲学思维不能代替法律思维

哲学思维是处理一般问题的，法律思维是处理具体问题的，处理具体问题要受到具体的时空特定条件的制约。否认哲学思维的普遍性指导作用是不对的，但无视法律思维的特殊性也是可怕的。

哲学思维虽然对法律思维具有无可置疑的指导作用，但它无法简单地取代法律思维。两者是普遍性和特殊性、共性和个性的关系。我觉得过去和现在，法学界都存在把哲学思维简单照搬到法律领域，法律思维被束之高阁的现象。其中“实事求是”是最容易被误用的一例。

“实事求是”是一种哲学思维，它对法治建设的主要指导意义应该是：立法要从社会实际出发，寻求社会最大公约数；执法（司法）要从案件事实出发，严格依据法律定纷止争。除了这一哲学思维之外，立法、执法、司法等法律活动还要受法律思维的指导。

在立法方面，实事求是的哲学思维要求当机立断、知错就改，而法律思维则要求法律必须保持一定的稳定性，立法既要积极、更要慎重，不能朝令夕改。所以彭真同志曾经指出，立法总要经过一个从政策指导到制定法律的过程。凡是新的重大问题、重要改革，总要先用政策作指导，在探索、试验中，成功的，就坚持；不成功的或者不完全成功的，就修正。在这个基础上，经过对各种典型、各种经验的比较研究，再制定法律。在社会主义历史阶段，伴随社会和各项事业的发展，立法工作经常存在着这种过渡。

实事求是的哲学思维要求具体问题具体分析，而法律思维则要求法律规范要有一定的概括性，不能过于细碎具体，出现“立法超载”。彭真同志为此提出了立法要“先粗后细”的主张，即立法开始可以粗一点，在粗线条划出来以后，再进行局部的细描。这是因为我国地域辽阔，各地政治、经济、文化等发展很不平衡，法律只能解决最基本的问题，规定得太细就难以通行于全国。先粗后细的做法是：一是时间上先粗后细，开始粗，实践一段后再细；二是空间上全国人大及其常委会制定的法律粗一点，国务院制定的实施细则细一点，拥有一定立法权的地方制定的实施细则再细一点。

在司法方面，实事求是的哲学思维更不能简单地照搬。“实事求是”所主张的从客观实际出发，反映到诉讼领域，这个“客观实际”（或曰客观事实）必须转变为法庭认定的证据（或曰法律事实）。西方法谚“无证人即无诉讼”“证明责任乃诉讼的脊梁”“举证之所在，败诉之所在”等清楚地显示了这一点。因此，周强同志前不久在报章撰文强调，一要全面贯彻证据裁判原则。证据裁判原则是现代刑事诉讼普遍遵循的基本原则，认定案件事实和定罪量刑，必须根据依法查明的证据进行，裁判案件要以事实为根据，认定事实要以证据为根据，证据是认定案件事实的唯一根据。没有证据不得认定事实，更不得认定犯罪。全面贯彻证据裁判原则，就是在诉讼活动中，所有办案机关和诉讼参与人，都要树立重证据、重调查研究、不轻信口供的意识，坚持依法收集、固定、保存、审查和运用证据，用证据证明案件事实，不搞非法证据，不认定没有证据支持的事实，用严密的证据链条锁定犯罪事实。不仅重视收集和采信证明被告人有罪的证据，而且重视收集和采信证明被告人无罪的证据；不仅要坚持有罪则判，而且要坚持疑罪从无。二要保证庭审发挥在认定证据方面的决定性作用。办案机关和诉讼参与人都要围绕庭审开展诉讼活动，做到诉讼资源向庭审集中，办案时间向庭审倾斜，办案标准向法庭看齐。确保案件证据展示、质证、认证在法庭，证人、鉴定人作证在法庭，案件事实调查、认定在法庭，诉辩和代理意见发表、辩论在法庭，直接言词原则体现在法庭，当事人及其辩护、代理律师的诉讼权利行使在法庭，公正裁判决定在法庭，裁判说理讲解在法庭等（周强：《推进严格司法》，《人民日报》2014 年 11 月 14 日）。我们应该承认，由于时过境迁，并非所有事实都能再以证据形式展示于法庭，因此，有时会出现虽然可能符合实际、但因证据灭失而无法胜诉的情形，所以诉讼总是存在一定风险的。

“实事求是”所主张的“求是”也不能简单照搬到司法领域。因为“求是”会受到法律时效制度的限制。我国民法通则中规定了三个时效期间。《民法通则》第一百三十五条规定有二年的时效期间，

第一百三十六条规定有一年的时效期间，第一百三十七条规定了二十年的时效期间。过了规定的时效期间，就别再通过民事诉讼“求是”了。同样，刑法对犯罪的追诉也是有时效规定的。我国刑法第八十七条规定：犯罪经过下列期限不再追诉：（一）法定最高刑为不满五年有期徒刑的，经过五年；（二）法定最高刑为五年以上不满十年有期徒刑的，经过十年；（三）法定最高刑为十年以上有期徒刑的，经过十五年；（四）法定最高刑为无期徒刑、死刑的，经过二十年。如果二十年以后认为必须追诉的，须报请最高人民检察院核准。过了追诉时效就别再通过刑事诉讼“求是”了。

道理很简单，哲学思维是处理一般问题的，法律思维是处理具体问题的，处理具体问题要受到具体的时空特定条件，以及客观和主观条件的制约。否认哲学思维的普遍性指导作用是不对的，但无视法律思维的特殊指导作用也是可怕的。例如，对我国宪法、法律的某些频繁修改，再审次数没有限制等，与误用实事求是哲学思维有一定关系。

视野

法律历史主义思维方式

司法规律也是有历史阶段性的，受历史发展阶段制约。因此，法律职业共同体不能只生活在封闭的法律世界里，而要从历史、社会等多个方面看待法律。

天赋人权是近代资产阶级反对封建势力的一个响亮口号，但让我感到不解的是，崇尚科学求真、求证精神的资产阶级却拒绝对这一口号进行科学论证。美国《独立宣言》认为它是不言而喻的："我们认为下述真理是不言而喻的：人人生而平等，造物主赋予他们若干不可让与的权利，其中包括生存权、自由权和追求幸福的权利。"在宣言的起草者看来，既然是不言而喻，那就无需证明了，这么响亮的一个口号却采用了独断式的表述。如果你非逼他们回答的话，他们最后图穷匕见，给你两个字"理性"。那么，什么是理性呢？他们对此除了说一句"理性是人们固有的认识事物的能力"之外，就再也不会说下去了。我很赞成人类要高高举起人权大旗，正因如此，我们才需要打破砂锅问到底：人权究竟从何而来？

最近，著名经济学家熊秉元先生在今年第四期的《读书》杂志发表文章，举例说明不是天赋人权，而是“人赋人权”，即：人权是社会生产方式和产业结构演变的产物。他举的两个例子如下：

在北美接近美加边境的地区，印第安人自古以捕捉水狸为生。水狸的皮毛，可以制作皮衣、皮靴等等。印第安人对于狩猎区域，一向没有明确的划分，部落之间彼此也相安无事。然而，自从欧美航道开辟之后，北美的毛皮在欧洲大受欢迎。因此，印第安人大肆捕捉水狸，部落之间往往大动干戈。这时候，部落之间才慢慢发展出游戏规则：对特定地区，哪个部落在哪个季节，享有捕捉水狸的权利。

日本城崎地区是一个位于海边的小区，以温泉著名。20 世纪初，这里居民有 2300 人，六座天然温泉都开放给公众使用。该地区有 60 家旅社接待游客。1910 年，铁路网修建到城崎，游客人数大增。都会区来的人偏好隐私，新的旅馆就开凿管线，把温泉直接引入客房。六座公共温泉里的水慢慢减少。原来那 60 家老式旅社，依赖公共温泉，生意当然大受影响，因此控告新旅馆私引温泉违法。官司结果，新旅馆胜诉。因此，新的旅馆继续兴建，也继续把温泉引入客房里。城崎愈来愈繁荣，到 1960 年为止，每年游客已经高达 50 万人。

熊先生通过这两个事例得出的结论是：权利的来源，不是“天赋人权”，而是“人赋人权”。彼此利害与共的人们，摸索出一种游戏规则，界定了彼此的权利。

在一些人看来，熊先生的结论也许不一定有多少新意，但我认为他的论证方式应该引起我们法律职业共同体的思考。法律职业共同体往往擅长逻辑思维，而有意无意地忽略了历史主义的思维。因此，容易教义式地对待一些法律价值，忘记了霍姆斯所说的“法律的生命在于经验，而不是逻辑”，以及马克思所说的“不是社会以法律为基础，而是法律以社会为基础”。

所谓历史主义的思维方式，就是从历史事实出发，把任何事物都放到特定的历史阶段考察，即：它从何处来、现在在何处、将向何处去。运用到法律领域，就是要把法治视为具体的、历史发展阶段的法治，不承认存在一种贯通古今、一成不变的法治模式，不承认法律的进步完全是一种理念的进步，而忽略了产生理念的社会经济基础。司法规律也是有历史阶段性的，受历史发展阶段制约。因此，法律职业共同体不能只生活在封闭的法律世界里。如果仅从价值观念出发，而不从当下社会黄金发展期、矛盾高发期的现实出发，你就不会看明白眼下的司法改革走的是既要顾及司法规律、又要化解社会风险和保持政治稳定的综治道路。

区别
按法治实践阐释法治思维

树立法治思维是建设法治国家的思想基础。法治思维形式上是有法可依和有法必依；内容上是实体公正和程序公正。

树立法治思维是建设法治国家的思想基础。什么是法治思维？简单地说，法治思维形式上是有法可依和有法必依；内容上是实体公正和程序公正。复杂地说，它是一个纵横交错、丰富多彩的体系：

第一，公法思维和私法思维。我国属于大陆法系传统，有必要继受公法、私法的划分方法。过去梁慧星先生说过私法优位主义和公法优位主义的区别，实际上就涉及了公法和私法的思维差别。公法体现的是不平等主体间的法律关系，私法体现的是平等主体间的法律关系；公法是授权和控权相统一，私法是权利和义务相统一；公法是权力法（权力的来源、功能、行使、限制等），私法是权利法（权利的来源、功能、种类、行使、救济等）。

第二，立法思维、执法思维和司法思维。立法权是抽象权，行政权是主动权，司法权是被动权，立法讲民主，行政讲效率，司法讲公正。这三者的思维方式有显著不同。

第三，宪法思维和部门法思维，或者说母法思维与子法思维。我国的法律体系大体由在宪法统领下的宪法及宪法相关法、民法商法、行政法、经济法、社会法、刑法、诉讼与非诉讼程序法等七个部分构成。宪法是根本法，其他都是部门法。前者在效力、内容和修改程序方面都不同于后者，后者则不得与前者相抵触。因此，宪法思维统帅部门法思维，是法治思维的核心。

第四，实体法思维和程序法思维。实体法是指规定具体权利义务内容的法律，程序法是规定行使具体实体法所要遵循的程序。实体法追求结果公正，具体表现为证据合法、全面、确实，同样的情况同样对待，有错必纠等；程序公正追求裁判者中立（自己不能当自己案件的裁决者），当事人平等，程序公开等。

第五，抽象法治思维和具体法律思维。抽象法治思维就是上面所述的四种，没有具体的法律规定，是人类社会法治公理的一般表述。而具体法律思维则不同，它是有具体法律明文规定的法律思维。如宪法思维，民法思维，行政法思维，经济法思维，社会法思维，刑法思维，刑事、民事、行政三大诉讼法思维。

具体法律思维从何处寻觅？我觉得，每部法律总则部分所规定的该法的基本原则就是该法的思维方式。法学家德沃金认为，根据社会成员是否存有真正的协作关系或协作的程度，社会可划分为三种模式：

第一种模式是“偶遇模式”社会，其社会成员仅仅由于偶然事件，在特定的历史条件下或地理环境中，才组合起来。第二种是“规则模式”社会，其成员承认有一种义务，服从特定的各种规则。例如临时性商业伙伴，为了合作而订立并服从某些规则。但是，他们并不愿承担这些规则以外的协作义务。他们的关系虽然也是协作，但主要的协作方式是谈判与妥协。第三种是“原则模式”社会。与“规则模式”相同之处是，两者都认为社会须有一种共同的价值。在共同价值上，“原则模式”的社会采取了更具包容的观点，认为人们不仅服从规则，还要服从原则。在这种模式的社会中，成员之间彼此承认权利，相互负担义务。这些权利与义务不仅源自规则，更是源自原则。这种社会是一种持久而具有深度的协作体系，对每个成员都予以平等的关心和尊重。

为何说法律原则是法治思维？因为法律原则是法律的灵魂、指导思想，具体的法律规范是从法律原则派生出来的。不管是大陆法系，还是英美法系，大家都公认法律原则高于法律规范、统帅法律规范的作用。

在德沃金看来，法律原则具有如下特征，一是原则是确保法律整体性的基准。二是原则与正义存有内在关联。在原则模式社会中，正义具有突出的重要性。三是原则关涉个人基本权利问题。宪法的基本权利属于原则范畴，原则是权利的抽象表述，在承认权利具有优先性的社会，必须承认原则的优先性。四是原则涉及法律和道德的关系。道德关涉个人权利与尊严，涉及的是道义论范畴，伦理涉及的是集体之善和特殊的生活方式选择，属于目的论范畴，原则、权利与道德之间存有内在关联。五是法官是原则的守护者。法官在守护和发展原则的过程中，发挥了突出的作用。在疑难案件中，法官主要诉诸原则作出判决。法院是“原则的法庭”。六是法律原则在变化中，法律原则之间如有冲突，则由法官通过解释予以协调。

德沃金关于法律原则的论述，启示我们法律原则可以克服法律条文的有限性、僵硬性等缺陷，法律原则就是具体的法律思维。虽然我国立法者一般都在每部法律的总则里规定该法的基本原则，但从未对每部法的基本原则的具体内容作一命名和归纳，目前诸如宪法、民法、刑法等法律的基本原则的命名与归纳，都是由学者们自行决定，毕竟缺乏权威性。因此，建议全国人大常委会加强法律的解释，首先就是对我国基本法律的基本原则作出权威性的解释，让社会清楚知道法律思维的主要内容，普法主要是普及法律基本原则；让法官在审理案件中可以依据法律基本原则弥补法律规范不足和僵硬的缺陷。

论调
中国和西方法律思维方式的根本差异

中国与西方法律思维方式的根本差异在于，前者以“性善论”为基础，对权力疏于防范。后者以“性恶论”为基础，注重权力防范。中国的性善论对中国的公法私法带来了极大的影响，它给人治提供了基础，它带来了对国家权力的过度崇拜，它带来了对公民个人权利的侵蚀。

什么是法治？什么是人治？其实很简单，一个地方管住“一把手”的就是法治，管不住“一把手”的就是人治。因为性善论往往都是对最后一个权力疏于防范。在刑法、行政法当中，同样也是对行政权力的约束跟西方来比就比较软弱。一个是行政诉讼案件的受理范围比较窄，很多法律往往都是行政机关来起草，起草的时候往往是从怎么样有利于自己行使行政权力出发，而保护公民权利这一点比较软弱。同时在刑法当中我们没有规定无罪假定原则，比如说沉默权。我们现在还实行“坦白从宽、抗拒从严”，你保持沉默就是抗拒，因为我们的刑事诉讼法明确规定，必须如实回答。我们张扬权力，而抑制权利，这个问题在公法当中比较普遍地存在着。这和中国人的理念有很大关系。有时候我和美国的教授对话，他们提出问题说你看看你们是什么口号，“人民警察为人民、人民警察人民爱”，美国人会说警察怎么会爱人民，警匪一家，他不理解。我们说“人民总理爱人民，人民总理人民爱”，他说这怎么可能。他是那种环境出来的，没办法理解我们的这种观念。

我们还是应该辩证地来看，性恶论虽然片面，但是有它防范权力的积极一面。克林顿当总统的时候，他带来了美国经济 100 多个月的持续增长，把美国的就业问题解决得非常好，发展新经济也很见成效，克林顿把经济搞得这么好，在中国肯定就要唱“东方红，太阳升，美国出了个克林顿。”但是美国不是这样，一天到晚找克林顿的麻烦，是不是偷税漏税了，和琼斯有没有什么不检点关系，和莱温斯基有没有胡来，最后下了一个结论，这个人是经济强人、流氓不如。而且美国为了防止尼克松水门事件，用相当长的时间专门搞了一个制度——独立检察官，这个独立检察官就是专门监督总统、副总统的。在中国，大家相信国家权力这方面是比较充分的，但是防范这方面就比较弱一点。性善论可以为人治带来一种心理基础。

性善论给中国司法带来了一个非常大的弊端，就是重视刑法、轻视民法。刑法是公法，民法是私法。由于中国强调人治，因此就觉得有一个好官，让他有充分的权力，这是社会太平的根本，而凡是违反公共权力的人都要用刑法来制裁。因此中国人长期以来不是保护公民权利，而是积极扩张国家权力，凡是反抗国家权力的都用刑法观念加以遏制。中国司法机关的排列顺序都是按照打击罪犯的步骤展开的，公、检、法、司。公安局排第一，因为公安局管进场；检察院排第二，检察院管起诉；法院排第三，法院管判决；司法局最后，管执行。

民法是一种权利法，但是由于性善论，导致中国人对权利非常厌恶。西方人经常呼喊的一个口号就是天赋人权，为权利而斗争，中国人却觉得争夺权利很不好。中国性善论的意思在于，只要你奉献他也奉献，你的权利在他的奉献中满足，他的奉献在你的权利中满足，这样这个社会不就好了吗？所以中国人认为只要人人都乐意奉献，每个人的权利就都可以实现了，每个人不是权利人，每个人都是尽义务的。费孝通说中国人都活得很累，因为中国人永远都活在还不完的人情债中，没有自我。西方人认为你也别奉献，是你的权利你就拿过来，不是你的就别要。西方人是通过划定什么是你的权利，什么是你的义务来维护整个社会的和谐，而中国社会长期以来是说人人都不要考虑自己的权利，人人乐于奉献，一去奉献问题就都解决了。

在所有的权利当中，中国人最轻视的是人格权。人格权就是做人的尊严的权利，比如肖像权、名誉权、隐私权。西方的民法也有变化，但是保护人权这个制度永远没有变化，而中国人恰恰是对人格权非常轻视。比如“文化大革命”把刘少奇画成毒蛇，其实刘少奇仍然有他的民事权利不能剥夺，你把这个人画成毒蛇你就侵犯了他的肖像权。另外中国人对于隐私权非常不尊重。西方人见面就是今天天气好，中国人见面就是你吃饭了没有，接着问你去哪儿。吃没吃饭是人家个人的隐私，人家去哪儿是行动自由。中国人没有这种观念。慈禧太后接见外国的代表团，跟一个外国小姐交谈，问小姐芳龄几何。我们知道西方人男的收入、女的年龄是非常大的隐私。而在中国人来看，这么问是关心你。中国没有尊重人的权利的观念，就是认为人活着都是尽义务的。中国和西方文化的差异就是中国人没有人的私权概念，这种观念比较弱。原来中国的公用电话，打电话排一个队，人家讲什么旁边人听得清清楚楚，还催人家快点讲。包括现在的自动提款机，光天化日下取钱，取了多少旁边人看得清清楚楚。这都不利于私权的保护。

性善论对中国民法还有一个消极影响，就是重整体、轻个体。西方人写信突出个体，所以他要把收信人写在最上面，然后再把和收信人最近的地址写下来。比如先写收信人，然后再写收信人所在的区，再往下面写收信人所在的省、市、区，最后写中华人民共和国，这是西方人在信上书写的习惯，突出个性，把个体放在整体上。中国人反过来，中国人强调整体，忽略个体。中国人写信先要写中华人民共和国，然后再写省、市，然后再写区，收信人压在最下面。

这里面西方那种不注重社会公化，极端个人主义，我觉得不可取。但是我觉得有时候也要注意滥用集体利益剥夺个人利益，有时候要在集体利益和个人利益之间寻求平衡，而不是用一个代替一个。我们过去，特别是在“左”的年代，容易以整体的名义剥夺一个人的正当权利。我们这就可以看到中国的性善论对中国的公法私法带来了极大的影响，它给人治提供了基础，它带来了对国家权力的过度崇拜，它带来了对公民个人权利的侵蚀。

风尚
社会保障的是勤奋

就业是民生之本，是社会保障制度建立的前提条件；中国的社会保障制度一定要体现社会主义按劳分配制度的基本精神。

市场经济是能力经济，每个人的能力不尽相同，贫富差距在所难免；每个人的生命潮涨潮落，生活无常相伴而来。因此，现代国家无不设置社会保障安全阀，确保每一个人的基本生存权利的实现。李光耀认为西方的“自由主义者积极鼓励人们向政府索取津贴，丝毫不觉得羞愧，这导致国家福利费用过度增加”，更导致了“卓越者停止发愤图强”。新加坡的社会保障政策的重点不能放在施舍恩赐的爱心上，而应放在打造一个“促使人民力争上游”的机制上。

以就业立保障。就业不仅是促人奋进的基本途径，还是社会保障制度赖以建立的基础。在一个失业者远远多于就业者的国家是很难建立起广为覆盖的社会保障制度的。由于产业的不断优化升级，就业也就表现为一个失业与就业周而复始的过程。因此，新加坡采取了“滚动铁饭碗”的就业政策。即：以充分就业为宗旨，对因产业结构变化而下岗的职工实行有组织的再培训、再就业，以新工种换旧工种，实行“新饭碗”换“旧饭碗”的衔接体制，保证绝大多数下岗人员重新就业的机会，不是砸“碗”，而是换个“碗”吃饭。这种政策的制定与实施，有利于对整个国家的下岗人员进行重新组合，使富余人员不是简单地被推向社会，而是采用政策手段，强制培训分配上岗。因此，新加坡劳动力素质一直与产业的升级换代保持同步关系，失业率长期维持在3%左右的低水平上。

当然，李光耀也承认，“社会上总会有一些不负责任或能力不足的人。在新加坡，这些人占人口5%左右”，新加坡政府“尽量设法不让他们最终住进收容所，而是尽可能让他们能够独立生活。更重要的是，设法拯救这些人的子女，使他们不再重复上一代那种什么都不在乎的生活方式。我们做出适当的安排，以确保只有那些十分需要援助的人才获得福利照顾。”

以业绩享保障。新加坡的中央公积金制度是一种独具特色的包括养老、购房、医疗等在内的社会保障制度。它规定每一个在职人员每月必须拿出一定比例的薪金储蓄起来，政府部门或企业也按照在职人员大体相同比例的薪金的数额，存入在职人员的名下。这两笔金额加在一起就作为在职人员的公积金。公积金按其使用范围分为普通户头（30%）、特别户头（4%）和医疗保健户头（6%）三种。普通户头可用于购买住房、保险、教育等；特别户头只供养老储蓄用，退休后才能按月支取；医药保健户头用于支付看病住院的费用。

公积金的多寡取决于个人收入的高低。如果个人积存的公积金过少，就无法满足自己养老、购房和医疗的要求；反之，个人积存的公积金越多，就能享受较高的社会保障水平。例如，新加坡自 1964 年开始推行居者有其屋计划，房屋类型从低到高分三房式、四房式、五房式和公寓式，公积金愈多，购买的类型就愈高。这就促使职工更加努力地工作，既要保住现有的岗位，还要争取更高的职务和收入，积累更多的公积金储蓄，享受更高的社会保障水平。新加坡注重保护人们勤劳致富的积极性，不随便占有人们艰苦奋斗得来的合法劳动成果。政府一直降低个人和公司的所得税率，到 1996 年，个人所得税和公司税只占税收总额的一半，而西方主要发达国家占四分之三。新加坡早就由重点征收所得税转向征收消费税，个人所得税率由 1965 年的 55% 降至 1996 年的 28%，公司所得税率由 40% 降至 26%。新加坡不征收资本收益税。遗产税率也从原来最高的 60% 锐减到 5% 至 10%。一个人的公积金一生没有用完，死后完全按其生前遗嘱来分配。

新加坡的这些做法启示我们：第一，就业是民生之本，是社会保障制度建立的前提条件，这一点恰巧被国内学界许多人所忽视。一些人天真地以为只要取消户籍制度，城乡居民马上就可以享受到一体化的社会保障待遇，其实这是不可能的。因为农村广大农民处于公开失业或隐性失业状态，造成中国劳动力就业率不高，无法提供足够或较高的社会保障资金。劳动创造财富，一个国家如果长期失业率高，没有一定的财富积累，怎能去构筑社会保障的大厦？生之者少，食之者众，解决这一矛盾的根本途径只能是增加生之者，减少食之者，万不可再搞普遍贫穷的平均主义。第二，中国的社会保障制度一定要体现中国“天行健，君子以自强不息”和“生于忧患、死于安乐”的优良文化传统，一定要体现中国“多劳多得，少劳少得”的社会主义按劳分配制度的基本精神，逐步做实个人账户，树立自己养自己，不给后代添负担的良好风尚。

尊重
死者的安宁与尊严

不管是贵为总统，还是无名小辈；无论是富有，还是贫穷，但在遵守契约、诚信不欺方面都是平等无二的，他们的权利都是神圣无殊的。

日前，香港中华书局的赵东晓兄给我发来这样一条微信：

在美国纽约哈德逊河畔，离美国第18届总统格兰特陵墓不到100米处，有一座小孩的坟墓。墓旁的一块木牌上，记载着如下一件事情：

1797年7月15日，一个年仅5岁的孩子不幸坠崖身亡，孩子的父母悲痛万分，便在落崖处修建了这座坟墓。后因家庭困窘，孩子的父母不得不转让这片土地，他对新主人提出了一个特殊的要求：把孩子的坟墓作为土地的一部分永远保留。新主人答应了这一条件，并把它写进了土地交易的契约。100年过去后，这片土地买卖流转了许多家，但孩子的坟墓仍旧安然无恙地留在那里。

1897 年，这块土地被选为总统格兰特将军的陵园，而孩子的坟墓依然被完整地保留下来，与格兰特陵墓成了邻居。

又一个 100 年过去了。1997 年 7 月，格兰特将军陵墓建成 100 周年时，当时的纽约市长来到这里，在缅怀格兰特将军的同时，重新修整了孩子的坟墓，并亲自撰写了孩子墓地的故事，让它世世代代流传下去。

这个故事告诉人们，不管是贵为总统，还是无名小辈；无论是富有，还是贫穷，但在遵守契约、诚信不欺方面都是平等无二的，他们的权利都是神圣无殊的。

中国历史上多有掘墓鞭尸事件，汉语成语辞典因而专门收集了“掘墓鞭尸”一条。最早的掘墓鞭尸发生于春秋时期。楚国的伍子胥因父与兄被楚平王所杀逃到吴国，帮助吴王阖闾攻打楚国，五战五胜，打到楚国都城郢城，楚平王已死，伍子胥为报杀父之仇，掘墓鞭尸，友人反对，伍子胥说：“吾日莫途远，吾故倒行而逆施之。”顺治八年（1651）二月，有人揭发多尔衮生前曾暗中准备八补黄袍等物。顺治皇帝下诏，将多尔衮削爵，撤出宗庙，开除宗室，追夺所有封典，籍没家产人口入官。这些依然不能平息顺治帝的怒火，很快他又下令将多尔衮豪华的陵墓平毁，砍掉脑袋，鞭尸示众。关于鞭尸的细节，清朝官方史料中是没有记载的，因为这是一件很丢人的事。倒是当时意大利传教士卫匡国记述了细节：“他们把尸体挖出来，用棍子打，又用鞭子抽，最后砍掉脑袋，暴尸示众。他的雄伟壮丽的陵墓化为尘土。”

新中国成立前国民党反动派对一些共产党人祖先的坟墓多有开

掘暴尸的事情。当然，“文革”时期也发生过一些地方以“彻底革命”“破四旧、立四新”（即“破除旧思想、旧文化、旧风俗、旧习惯”；“立新思想、新文化、新风俗、新习惯”）为旗号，迁移名人坟墓，甚至掘墓鞭尸的闹剧。

中国和美国历史上的土地制度、法律制度不尽相同。为了公共利益的需要，坟墓也不是绝对不可以体面地、有尊严地、在满足墓主人后代合理要求的条件下，迁移适当的地方。而“掘墓鞭尸”则绝对荒诞不经。有两点还是值得我们思考：一是死者和活者是否应该平等相处？中国过去似有视坟墓为不祥之物的观念，因而都把他们置于远离活人之处；而西方人似无此种理念，坟墓与活人同居一城一隅随处可见。这其中是否与两者在死者和活者应否平等方面持有不同见解有关？二是死者是否应该和活者一样都享有安宁、尊严权？西方人似乎承认两者都有此权利，而中国过去似乎不承认这一点。

受西方尊重死者安宁权的影响，建于1845年的香港跑马地坟场，是一个鸟语花香、经过精心规划的园林，虽然外面的黄泥甬道车水马龙，但在围墙内的墓园，却留住了闹市中的片刻宁静和古木参天的美景。跑马地的英文名称是HappyValley，即快活谷。赛马和赌博带来的刺激可能确实快乐无比，而与赛马场只有一条电车路之隔的，就是一个极乐世界——香港市区内最古老的墓园。圣弥额坟场是香港最古老的一处天主教坟场，门外对联写着“今夕吾驱归故土，他朝君体也相同”，劝喻来访者要珍惜生命。

平衡

官员的名誉权亦应得到尊重

我们为了保障公民的知情权、监督权，当然要对官员的隐私权、名誉权有所限制，但这并非意味着官员的隐私、名誉权可以随意践踏。现代法治既要防止专制主义，也要反对无政府主义；法治国家和法治社会不可分割。任何恶意践踏法制的行为都不能被放纵。

据《法制日报》2015 年 9 月 11 日“涉事院长：面对网络诽谤不再沉默”一文报道，2015 年 7、8 月间，网名“晴天格格”的王斌，曾在微博和论坛发布消息，并向陕西省渭南市中级人民法院监察室反映，声称以其妻黄某名义汇入“民爆公司”的 100 万元是华阴市人民法院院长童建军索贿。经渭南市中院监察室调查，王斌所举报的内容与事实不符。童建军决定依法维权，他向当地公安机关报了案，公安机关经多方调查取证后，依据《中华人民共和国治安管理处罚法》第四十二条第（二）项之规定，决定对王斌处以拘留 8 日的行政处罚。

童建军说，他和王斌是高中同学。2010年10月，王斌从北京回来找他，声称与别人合伙办了一个投资公司，想在华阴投资。之后，王斌与华阴城投公司草签了《项目融资协议书》，由王斌的公司向华阴城投公司融资3000万元，用于土地储备项目。协议草签后，王斌声称投资公司资金一般不能闲置，都是前一个项目快结束时就签下一个项目，让高中时期的同学问一下潼关有没有人愿借钱或合作。一个同学把王斌介绍给潼关商人盛某。由盛某出资3000万元用于王斌与城投公司所签项目，期限为半年。其后，由于约定的半年期限内项目不能实施，盛某要求归还投资款及利息损失，王斌支付了100万元损失。盛某让王斌将这100万元汇到“民爆公司”账户。之后，王斌与盛某签订了《项目借款展期合同》，借款展期合同到期后王斌不能按约付款，又写了承诺书，后王斌又不履行承诺内容，盛某于是将王斌诉至法院。法院在执行时查明，王斌的公司是个“皮包公司”，家庭财产也很有限，根本无力偿还债务。

由于王斌不履行法定义务，法院将王斌及其妻黄某纳入“失信被执行人黑名单”，王斌多次让童建军将其夫妻俩从“黑名单”中去除，并要回以前盛某让汇到“民爆公司”的100万元。童建军表示无能为力，于是王斌就开始设法诬陷诽谤童建军。童建军说：“我们是执法者，我们的职责是依法保护公民合法权益、维护良好的社会秩序。如果我们的权益遭到侵害时不选择依法维权，如何能取信于民？我这次选择依法维权，虽然是在王斌及个别记者屡屡诬陷诽谤后不得已而为之，但我已做好准备，若名誉再遭不法侵害，我定会依法维权。”

我翻阅了多年来学界关于官员名誉权的研究论著，发现几乎众口一词地都强调对官员的名誉权要加以限制，没有一篇正面回答官员究竟有没有名誉权。毫无疑问，官员的名誉权较之普通公民要受限制，数年前我也在一家报纸专栏里写过此类内容的文章。但我们不能从一个极端走向另一个极端，对官员的名誉权完全不予尊重，国际社会没有这样的惯例。

众所周知，官员名誉权受限制原则确立于美国《纽约时报》诉沙利文一案。1960 年 3 月 29 日，《纽约时报》刊登了一则政治广告，题为《请倾听他们升高的声音》，其中 64 位美国知名人士、16 位南方各地牧师以及 4 名著名民权人士在广告呼吁词后签名，为民权运动募捐，以支持学生运动，争取黑人选举权，为马丁·路德·金进行诉讼辩护。沙利文是蒙哥马利市的民选市政专员，负责公共事务和当地的警察局。他认为《纽约时报》的这则广告严重损害了他的名誉，并就此向阿拉巴马州法院提起民事诽谤诉讼。官司一直打到联邦最高法院。1964 年，联邦最高法院以 9 票对 0 票，判决《纽约时报》胜诉，该案确立的判例原则可以概括为“公共官员原则”，其主要内涵有三点：

第一，适用范围。该判例原则在原告身份为公共官员时适用。该原则成为后来美国法院处理类似案件的指针。第二，过错标准。该判例确定了实际恶意规则。实际恶意规则强调公共官员如想获得名誉损害赔偿，必须证明被告在发表诽谤性或诬蔑性言论之时具有实际恶意，即明知故犯或严重疏忽。第三，举证责任。该判例确定了举证责任的转移。这一举证规则要求原告必须举证说明被告的实际恶意才能胜诉，即不仅要有诽谤性言论的公开发表，原告还必须证明被告在发表这些言论时有实际恶意。

细细审视这三条原则，不难发现，如果当事人对官员的公开性言论具有实际恶意性，那么就构成了对官员的诽谤。“实际恶意”是区分对官员正当监督和诽谤的分水岭。上述案例中的王斌企图让童建军利用职务之便，将其从“失信被执行人黑名单”删除。目的未达，就在网络上诽谤童受贿，显然具有实际恶意。

依法治官当然比依法治民更重要，我们当然要保护公民反腐败的权利，但这并非意味着任何人可以假借反腐败之名，去诽谤陷害清白官员；我们为了保障公民的知情权、监督权，当然要对官员的隐私权、名誉权有所限制，但这并非意味着官员的隐私、名誉权可以随意践踏。这是因为：法律面前人人平等是一个根本性原则；现代法治既要防止专制主义，也要反对无政府主义；法治国家和法治社会不可分割。任何恶意践踏法制的行为都不能被放纵。

留情
从死缓看中国法制特色形成的条件

创造中国法制特色的条件应当是：符合中华民族先进的思维方式；有一定的历史经验教训可以借鉴；符合社会现实的需要。

死刑缓期执行制度是死刑的一种执行制度，是指对应当判处死刑，但又不是必须立即执行的犯罪分子，在判处死刑的同时宣告缓刑两年执行，实行劳动改造，以观后效。根据《刑法》第五十条的规定，被判处死缓的犯罪分子，在死缓期间或者期满之后，有三种处理结果：（1）在死刑缓期执行期间，如果没有故意犯罪，两年期满以后，减为无期徒刑；（2）如果确有重大立功表现，两年期满以后，减为25年有期徒刑；（3）如果故意犯罪，查证属实的，由最高人民法院核准后，执行死刑。

从世界刑法史的角度看，这项制度是中国刑事立法的一个独创；从世界刑罚演进的趋势看，它又符合限制死刑乃至废除死刑的走向。那么，中国为何会有这一重要独创？目前刑法学界一般都解释为最初它是作为我党的一项刑事政策，发端于1951年新中国成立之初的镇压反革命运动的高潮中，适用对象是没有血债、民愤不大和损害国家利益未达到最严重程度，而又罪该处死的反革命分子。后来，死缓也适用其他应判处死刑而又不必立即执行的反革命犯和刑事犯。我觉得这样的解释似有简单之嫌。

在我看来，死缓制度的形成，具有以下几个主要原因：

首先，与中华民族天人合一、人性本善和明德慎罚的思维方式密切相关。天人合一是中国传统思维方式的重要特征之一，认为人间的悲欢离合和天上的灾异灵瑞是互相映照的、相互作用的。因此，在司法方面，因应春夏茂盛自然景象，庆赏活动而应于此时进行；因应秋冬肃杀自然景象，死刑应在此时执行。随着民众起义的频发、朝代的更迭，从汉代开始，统治者逐渐明白苛政猛于虎、为政以德、“水可载舟，亦可覆舟”的道理，在司法方面开始强调人性本善、明德慎罚、先教后诛、仁至义尽。秋冬行刑的理由就不完全是因为因应自然景象，而是对那些情有可疑、情有可原的死刑案件放到来年秋冬再审一次。

第二，与中国古代和中国新民主主义革命时期革命根据地的死刑缓期执行制度的实践有关。在中华民族天人合一、人性本善、明德慎罚的思维方式影响下，中国古代从周朝到清朝，实行了死刑缓期执行的制度。最完善的是清朝。它把死刑分为立即执行的绞、斩立决与缓期执行的绞、斩监候两种。清朝有专门处理绞、斩监候的会审制度。一是秋审，即每年秋天在天安门外金水桥西，由六部长官、大理寺卿、都察院都御史、通政使与小三司等审理地方上报的绞、斩监候案件；二是朝审，即在秋审之后对刑部判决的案件以及京畿地区的斩监候、绞监候案件的复审。经秋审、朝审的案件，其处理的结果大致有四种：情实、缓决、可矜、留养承祀。总体上看，秋审和朝审的结果是减免了大部分斩、绞监候死囚的死刑。

过去学者注意不够的是，中国共产党早在新民主主义革命时期的根据地就实行了死缓制度。抗日战争时期，在中共领导的晋冀鲁豫边区太岳区，就规定了对于应判死刑而认为有可能争取改造者，可判处“死刑保留”。保留时间长短，可根据具体情节，定为一年到五年。在保留期间，如果重犯前罪或另犯其他更大罪者，经法庭重新讨论决定，即执行枪决。如果保留期间不再犯罪，即不再执行死刑。死刑保留不能单独使用，必须与徒刑、罚金等并用。

第三，现实需要。为了巩固新生的政权，维护社会秩序，保障人民的生命财产安全，为土地改革、恢复生产创造一个良好的环境，1950 年 3 月中共中央发出了《关于镇压反革命活动的指示》，毛泽东同志提出了“不要四面出击”的斗争策略，要求集中力量稳、准、狠地打击反革命首恶分子。因此，1951 年 5 月 8 日中共中央作出了《对犯有死罪的反革命分子应大部采取判处死刑缓期执行政策的决定》，规定：“凡应杀分子，只杀有血债者，又引起群众愤恨的其他重大罪行例如强奸许多妇女掠夺许多财产者，以及最严重损害国家利益者；其余，一律采取判处死刑、缓期二年执行、在缓刑期内强制劳动、以观后效的政策。”为何要实行这一政策呢？因为“这个政策是一个慎重的政策，可以避免犯错误……这个政策可以分化反革命势力，利于彻底消灭反革命。这个政策又保存了大批的劳动力，利于国家的建设事业”。

从死缓制度产生的三个原因看，创造中国法制特色的条件应当是：符合中华民族先进的思维方式；有一定的历史经验教训可以借鉴；符合社会现实的需要。一句话，独特性和民族性、时代性密不可分。

无情

独立审判无惧闹诉

董老强调，法院在依法审理案件时，不能因为当事人以死威胁就不敢判决。董老的观点，体现了司法机关依法独立行使职权原则和党的群众路线的有机结合，司法机关依法独立审判的原则；体现了党的群众路线。

司法审判权是终局性权力，俗语称其为公平正义的最后一道防线，也是《秋菊打官司》里秋菊说的“讨个说法”，不过这个“说法”是最后的“说法”。我国宪法很早就规定了依法保障司法机关独立行使职权的原则，独立是公正的必要前提，公正是独立的终极目的。独立意味着审判活动只对法律负责，不受非法律因素的干扰。但多年来却存在这样一种现象，即：一些败诉的当事人及其家属对于公正的审理和判决拒不服从，咆哮公堂，闹诉、闹访，而少数领导对此不顾法律的权威，一味地向法官施加压力，牺牲法律的严肃性而修改判决，以换得败诉一方的满意。在党内，董必武同志是第一个批评这一现象的领导人。

1956年，最高人民法院审理了一桩离婚案件。法院依照法律规定，认为应当判决离婚，但当事的女方及部分群众不同意判离婚，因此，使得判决拖了很久。这年的7月9日，董必武同志在最高人民法院第十六次党组扩大会议上非常严肃地分析了这个案件，强调了“法院判决案件不应受当事人威胁的影响”这一观点。（详见《董必武政治法律文集》“法院判决案件不应受当事人威胁的影响”一文）

董老强调，法院在依法审理案件时，不能因为当事人以死威胁就不敢判决。他说，如果怕当事人自杀，就不敢下判或者不按照法律判决，那是不对的。法院判决案件不应受当事人死不死的影响。他指出，现在我们却一直受着这种威胁，上述案件就是受了这种威胁使我们很久不敢下判的。假如判离后她（他）真的死了，我们又是判得正确的，那她（他）有什么道理可说呢，我想是没有什么道理可说的。

对于这种乱闹的人，董老提出用如下几种办法来处理：

第一，写一篇文章阐明道理在报纸上登出来，让大家展开讨论。让社会动一下，引起注意。也许有人反对法院的意见，那就让他百家争鸣来争一下吧！但绝不会说我们法院不应该依法判决。

第二，对那些对判决不满意，经过各种办法说服后仍然要乱闹的人，可以将他押回去。不然这个国家机关就将一件事情也不能办了。因为判决是很难使双方都满意的，不能说我们执行了国家法纪就脱离了群众。当然这绝不是要摆官僚架子，只是为了把社会生活放在一定的秩序上去，就是在人民内部也应当遵守一定的秩序。

第三，法院判决前可以向败诉方及支持她（他）的单位、群众讲明道理，但这并非要去取得和他们一致的意见。董老说，法院的判决并非要和社会方方面面都取得一致的意见。要说取得一致意见，首先是取得法院内部的意见一致，而其他方面的意见仅仅是一种参考意见。就是法院内部判决的意见，也是少数服从多数，没有必要意见完全一致后才判决。为了减少阻力，我们应当采取办法与有关方面进行商量，约集有关单位和当地群众代表开两次会。第一次向他们讲道理，说明我们处理这类案件的政策精神，听取和收集他们的意见，但不要希望取得完全一致的意见。根据收集的意见，再召开一次会议，对不正确的意见进行解释，宣布法院判决的依据。

我觉得，董老的上述分析和意见，实现了把司法机关依法独立行使职权原则和党的群众路线的有机结合，司法机关依法独立审判，这是人类社会进步的产物；向当事人及其单位、群众讲法律、讲道理，这体现了党的群众路线，是中国特色。作为一名杰出的中国化马克思主义法学家，董老当之无愧！

积淀
德主刑辅是古今中外执政经验的总结

德主刑辅体现了中华民族重视对社会秩序要综合治理、要治本和治标相结合的辩证思维。中国是世界五大文明古国中的唯一仅存者，深厚的历史积淀无疑使中国的执政经验比其他任何国家都要丰富，这是中国对人类的一大贡献。

中共中央总书记习近平在就我国历史上的国家治理进行第十八次集体学习时指出："坚持依法治国和以德治国相结合，把法治建设和道德建设紧密结合起来，把他律和自律紧密结合起来，做到法治和德治相辅相成、相互促进。"

古今中外的国家执政现象既有个性，也有共性。换句话说，执政是有规律可循的。比如，关于有史以来的执政手段，列宁归纳说：所有的一切压迫阶级，为了维持自己的统治，都需要两种社会职能，一种是刽子手的职能，一种是牧师的职能。西方社会另有"大棒加胡萝卜”的提法，是一种以“奖励”（胡萝卜）与“惩罚”（“大棒政策”）同时进行的一种管理策略，一个流行的说法是，此语的原型出自美国总统老罗斯福在 1901 年参观明尼苏达州州博览会时的演说：“Speak softly and carry a big stick，and you will go far”（“温言在口，大棒在手，故而致远”）。还有人说“大棒胡萝卜”来源于一则古老的故事，内容是：要使驴子前进，就在它前面放一个胡萝卜或者用一根棒子在后面赶它。“胡萝卜加大棒”一词最早在 1948 年 12 月 11 日《经济学人》发表，后收录于《牛津英语词典》增订版，附图有一头驴和胡萝卜。从目前史料来看，这种怀柔与惩罚并用的统治思想，最早产生于中国，表现形式是德主刑辅。它肇始于西周时期周公提出的“明德慎罚”，中经春秋战国儒家传扬的“为政以德”，形成于董仲舒的“德主刑辅”。此后成为封建社会基本的治国策略之一。

“德主刑辅”思想源于古人对夏、商、周执政经验教训的反思。周公发现，不管是夏朝的末代君主桀，还是商代的末代君主纣，他们无不标榜自己受上天保佑而拥有天下，但到后来为所欲为，惹得民怨沸腾，还不悬崖勒马，反而滥施刑罚，残酷镇压反抗者，最终玩火自焚。这两朝的灭亡，表明上天并非两眼一抹黑地对任何君主都保佑，而是有选择性地只保佑那些有德的君主，君主必须以德配天，而不是一味地滥施刑罚。德是什么？德是一套以保民为核心的政令制度，简称德政。

春秋战国以孔子、孟子为代表的儒家继承了周公的德政思想。孔子说要“为政以德”，它包括对老百姓“富之、庶之（即：人丁兴旺）、教之”和统治者要以身作则两大内容。德政反对纯任刑罚，孔子说：“道之以政，齐之以刑，民免而无耻。道之以德，齐之以礼，有耻且格”，意思是，单纯采用政令刑罚，老百姓可以不敢犯罪，但没有羞耻之心；如果采用德政和礼乐制度，老百姓不但免于犯罪，还能有羞耻之心。孟子更提出人性本善是施行德政、少用或不用刑罚的心理基础，每个人生来就有恻隐之心、羞耻之心、谦让之心、是非之心，由此而有仁、义、礼、智四德。德政就是通过让老百姓有恒产然后有恒心，通过教化让老百姓放大内心“四德”，由己及人。由于春秋战国是个用武器的批判才能解决天下统一问题的战争年代，儒家德政难免被人讥之为迂腐、不切实际。而法家崇尚武力和重刑主义的思想，在战争年代自然大显身手。

但秦朝奉行法家重刑主义思想而得天下之后，没有采用对执政最为有用的儒家德政理论，经历二世、十五年，短暂而亡。汉代总结亡秦教训，意识到纯任法家和纯任儒家理论都不行，要将二者结合起来，而且要以德政思想为主，以法家刑罚思想为辅。

董仲舒是汉代反思周秦历史经验教训集大成者，他以阴阳学说作比附，以“天人感应”为先导，提出了系统完整的“阳德阴刑”的德主刑辅论，认为治国应以德政为主，刑杀为辅。为何“德主”？一是因为自然界以阳为主，以阴辅阳，君主也应体察天意，以德为主，以刑辅德。二是人性有三品。性善者为上品；性恶者为下品；性兼善恶者，为中品。三品中，生而性善者占极少数，负有教化百姓使命；生而性恶者也为少数，教化不足劝其善，唯有以刑威慑之；性兼有善恶的中品之人占大多数，这类人既可为善，亦可为恶，必须对之施以教化才能使之为善。作为君主，就应针对不同品性的人采用不同的治理手段。对中品之人施以德政教化，对下品之人处以刑罚惩罚，即所谓“大德而小刑”。以德为本，以刑为末，先德后刑，大德小刑构成德主刑辅的内容。

应该强调的是，德主刑辅中的“德”，主要含义是德政、德治，而非仅指道德。德政、德治的主要内容包括：经济上要让人们过上富裕的生活，“仓廪实知礼节，衣食足知荣辱”，不然的话就会饥寒生盗心；政治上要选贤与能，学而优则仕，统治者以身作则，使民以时，取财有度，重视教化，少用或不用刑罚；文化上要有教无类，鼓励人们信奉“一等人忠臣孝子，两件事读书耕田”，不要饱暖思淫欲。施行德政、德治，可以使绝大多数人远离犯罪、努力成圣成贤。但总会有极少数小人即使生活在德政环境里，也会作奸犯科，教而不化，对此只好大刑伺候。

德主刑辅体现了中华民族重视对社会秩序要综合治理、要治本和治标相结合的辩证思维。中国是世界五大文明古国中的唯一仅存者，深厚的历史积淀无疑使中国的执政经验比其他任何国家都要丰富，这是中国对人类的一大贡献。

总结
建立健全党和国家的防错纠错制度

办大事的能力要强，防错纠错的能力也要强。建立健全防错纠错制度展示了中国共产党不仅高度重视坚持发挥集中力量办大事的优势，同时也高度重视进一步提高防错纠错能力的决心。

党的十八届四中全会通过的《中共中央关于全面推进依法治国若干重大问题的决定》(以下简称《决定》)有一个鲜明的特点，那就是非常强调建立健全党和国家的防错和纠错制度。例如，在强调依宪执政时，《决定》指出要健全宪法实施和监督制度，完善全国人大及其常委会宪法监督制度；在强调依法行政时，《决定》指出要强化对行政权力的制约和监督，完善纠错问责机制；在强调公正司法时，《决定》指出要建立领导干部干预司法活动、插手具体案件处理的记录、通报和责任追究制度，要实行办案质量终身负责制和错案责任倒查问责制；在强调加强和改进党对法治工作的领导时，《决定》指出要把法治建设成效作为衡量各级领导班子和领导干部工作实绩重要内容、纳入政绩考核指标体系，把能不能遵守法律、依法办事作为考察干部重要内容。由此可见，建立健全防错纠错制度覆盖了党的建设、人大工作和“一府两院”等党和国家的全部工作，展示了中国共产党不仅高度重视坚持发挥集中力量办大事的优势，同时也高度重视进一步提高防错纠错能力的决心。

中央作出这些决定，是对20世纪社会主义国家民主法治经验教训的深刻总结。回首过去的历史，我们十分痛心地发现，社会主义国家20世纪在取得巨大成就、改变人类社会发展方向、特别是扭转了第二次世界大战败势的同时，也存在对严重违反民主法治事件或不能防止、或不能及时纠正、或纠正费时较长的问题。邓小平同志在改革开放后对此曾有中肯的分析。1980年邓小平在《党和国家领导制度的改革》的重要讲话中指出：我们过去发生的各种错误，固然与某些领导人的思想、作风有关，但是组织制度、工作制度方面的问题更重要。我们今天再不健全社会主义制度，人们就会说，为什么资本主义制度所能解决的一些问题，社会主义制度反而不能解决呢？这种比较方法虽然不全面，但是我们不能因此而不加以重视。斯大林严重破坏社会主义法制，毛泽东同志就说过，这样的事件在英、法、美这样的西方国家不可能发生。他虽然认识到这一点，但是由于没有在实际上解决领导制度问题以及其他一些原因，仍然导致了“文化大革命”的十年浩劫。这个教训是极其深刻的。邓小平十分精辟地总结说：“领导制度、组织制度问题更带有根本性、全局性、稳定性和长期性。这种制度问题，关系到党和国家是否改变颜色，必须引起全党的高度重视。”

中央作出这些决定，是对中国共产党长期执政现实状况的中肯应对。中国共产党长期执政，既是历史选择的结果，又是中国属于追赶型现代化国家、必须集中力量办大事的现实要求。由于中国共产党处于这样一种地位，就使得它的防错纠错能力要相应增强。1957 年，邓小平在阐述“党要受监督，党员要受监督”的重要性时指出：“在中国来说，谁有资格犯大错误？就是中国共产党。犯了错误影响也最大，如果我们不受监督，不注意扩大党和国家的民主生活，就一定要脱离群众，犯大错误。”邓小平的这段话已被 20 世纪社会主义国家的历史教训所证实。

中央作出这些决定来之不易，根据以往的历史经验，贯彻落实这些决定更是不易。邓小平 1978 年 12 月在中央工作会议上的讲话中提出了“两个不改变”：“必须使民主制度化、法律化，使这种制度和法律不因领导人的改变而改变，不因领导人的看法和注意力的改变而改变。”（《解放思想，实事求是，团结一致向前看》）这“两个不改变”是对过去社会主义国家民主法治经验教训的总结，今天仍然值得我们汲取。

效力
香港回归前并非法律意义上殖民地

国际法意义上的殖民地是指原来没有主权的被占领地，香港自古以来的主权就归中国拥有，而非国际法意义上的殖民地。

有些俗称不一定符合法言法语。例如，“香港回归前是英国殖民地”的说法虽然遭到过批评，但目前仍然比较流行。近来习近平总书记倡导大家用法治思维分析、处理问题，因此，我们有必要强调一下从国际法意义上看，回归前的香港是英国的侵占地或占领地，而不是英国的殖民地。

根据海牙国际和会 1899 年 7 月 29 日制定、1907 年 10 月 18 日修改的海牙第四公约《陆战法规及惯例公约》规定，殖民地是完全丧失主权，被占领地只是临时失去主权；殖民地主要强调统治形态，对内来说是指立法、行政、司法方面的权力已丧失或基本丧失，对外来说是指完全失去外交权。

从国际法意义上看，殖民地的主权已不复存在，完全属于宗主国，殖民地未来的主权地位走向多以全民公决等形式确定；而被侵占地的主权名义上、法理上仍然存在，即归其祖国拥有，只是暂时被侵略者（占领者）窃取，被侵占地未来的主权地位走向就是归属其祖国，不存在其他的可能性。

原中国驻联合国全权代表黄华同志在《亲历与见闻——黄华回忆录》一书第十一章“在常驻联合国代表团的五年”中的“香港与澳门首次被摘掉殖民地的帽子”一节里写道：

“联合国准许殖民地国家和民族获得独立的宣言执行情况特设委员会（简称反殖特委会，即二十四国委员会）自 1961 年成立以来，一直将香港和澳门列入所谓的殖民地名单。根据该特委会的宗旨，殖民地将来的前途是获得独立。1972 年 1 月中国被选为特委会成员国，我代表团发现此名单中有严重错误，就此问题提出了交涉并开展一系列工作。

1972 年 3 月 8 日，我以中国常驻联合国代表的名义致函反殖特委会主席萨·萨利姆，庄严地指出：‘众所周知，香港、澳门是属于历史上遗留下来的帝国主义强加于中国的一系列不平等条约的结果。香港和澳门是被英国和葡萄牙当局占领的中国领土的一部分，解决香港、澳门问题完全属于中国主权范围内的问题，根本不属于通常的所谓殖民地范畴，因此不应列入反殖宣言中适用的殖民地地区的名单之内。对香港和澳门问题，中国政府一贯主张在条件成熟的时候，用适当方式加以解决。联合国无权讨论这一问题。根据上述理由，中国代表团反对把香港、澳门列入反殖宣言中适用的殖民地地区的名单中，并要求立即从反殖特委会的文件以及联合国其他一切文件中取消关于香港、澳门是属于所谓殖民地范畴的这一错误提法。'

特委会于1972年6月15日通过决定，向联合国大会提出报告，建议从殖民地名单中删去香港、澳门。1972年11月8日，联大以九十九票对五票通过决议，认可了特委会的报告。从此，香港和澳门在国际上首次被摘掉了殖民地的帽子。这在政治上、道义上表明世界上绝大多数国家的意愿，香港和澳门的前途不是独立，而是回归祖国。这是第三世界的一个胜利，并为日后中、英政府间有关香港回归祖国的谈判扫清了一个障碍。"

按照国际法的一般原则，凡用武力逼迫对方签订的条约是违反国际法的，也是没有法律效力的。香港自古就是中国领土的一部分，1840年英国军队凭借船坚炮利侵略中国，1842年以武力逼迫清朝政府签订《南京条约》，割让港岛。其后同样用武力逼迫清朝政府签订《北京条约》（1860年）和《展拓香港界址专条》（1898年），割让九龙，租借新界。因此，这三个条约违反了国际法，没有法律效力。联合国大会因而赞成中国的提议，把香港和澳门从其殖民地名单中删除。这就决定了回归前的香港在国际法意义上是英国的侵占地或占领地，而非国际法意义上的殖民地。

规范
司法体制改革需要于法有据

重大改革一定要于法有据。即：先立法或修法，再改革。尤其是以法律职业人为核心群体推进的司法体制改革，更应以身作则。

不赞成做“法盲”，也不赞成当“法奴”。改革急迫性与法律滞后性的矛盾、真理起初掌握在少数人手里的规律与立法必须多数人赞成的矛盾等，都容易带来特定时期“良性违法”现象的发生。我过去出于为改革辩护的目的曾撰文指出，对改革带来的“良性违法”现象一要同情理解，二要有所限制。如今我们又迎来了改革的高潮，我衷心希望能像党的十八届四中全会所出台的《中共中央关于全面推进依法治国若干重大问题的决定》要求的那样：重大改革一定要于法有据。即：先立法或修法，再改革。尤其是以法律职业人为核心群体推进的司法体制改革，更应以身作则。

初步翻检四中全会决定中涉及的司法体制改革的内容，觉得至少有如下两类事项涉及现行法律的立、改、废：

第一类是目前于法无据、需要先得到全国人大常委会授权才能进行的改革事项，如：

改革司法机关人财物管理体制，探索实行法院、检察院司法行政事务管理权和审判权、检察权相分离。法院和检察院司法行政事务管理权和审判权、检察权相分离的做法，无非是两种方案，一是把法院和检察院内部的司法行政事务剥离出来，划到某一行政机关管理；二是在法院和检察院内部作调整，让司法行政事务管理权和审判权、检察权成为两个相对独立的部分。若是采行第一个方案，则涉及有关行政组织法、现行法院组织法和检察院组织法的变动。某些司法行政事务管理权（如法官、检察官的培训）目前明确地被法院、检察院组织法规定为自己的职权。若是采行第二个方案，按照公权力“法无授权不可为”的原则，亦须得到全国人大常委会的授权。当然，现行做法是先要得到编制委员会及其办公室批准的“三定方案”作依据。

最高人民法院设立巡回法庭，审理跨行政区域重大行政和民商事案件。探索设立跨行政区划的人民法院和人民检察院，办理跨地区案件。最高人民法院设立巡回法庭，属于其内设机构的调整，与现行法院组织法原则上不冲突。但与当初的立法原意有出入，按照公权力“法无授权不可为”的原则，设立巡回法庭这样的重大改革，最好能得到全国人大常委会的授权，然后再完善法院组织法。

探索建立检察机关提起公益诉讼制度。现行检察院组织法没有规定检察院拥有公益诉讼的公权力，因此，按照公权力“法无授权不可为”的原则，最好得到全国人大常委会的明确授权。

规范媒体对案件的报道，防止舆论影响司法公正。言论自由是现行《宪法》第 35 条规定的一项基本权利。公民对于任何国家机关和国家工作人员有提出批评和建议的权利，也是现行《宪法》第 41 条规定的一项基本权利。因此，如无全国人大常委会的授权，就由某机关作出规定，会引发争议。

第二类是与现行法律有冲突，需要修改补充现行法律的改革事项，如：

实行办案质量终身负责制和错案责任倒查问责制。这一条与法官法、检察官法的规定不一致，更与现行刑法规定的已满 75 岁故意犯罪的，可以从轻或减轻处罚；过失犯罪的，应当从轻或者减轻处罚这一条不尽一致，以及与刑事诉讼法规定的追诉时效制度不尽一致。

逐步实行人民陪审员不再审理法律适用问题，只参与审理事实认定问题。这一条与现行《法院组织法》第 38 条规定的陪审员“同审判员有同等权利”不一致，需要修改现行规定。

完善主任检察官办案责任制，落实谁办案谁负责。这一条既与检察院组织法规定不一致，也与最高人民检察院颁布的《人民检察院刑事诉讼规则》不一致。《检察院组织法》规定的检察权是由人民检察院行使，而《人民检察院刑事诉讼规则》有许多条都规定了检察官办案人员在办案过程中需要得到检察长批准的事项，例如，第 389 条规定人民检察院审查逮捕部门、审查起诉部门发现侦查人员在侦查活动中的违法行为情节严重，构成犯罪的，应当移送本院侦查部门审查，并报告检察长。侦查部门审查后应当提出是否立案侦查的意见，报请检察长决定；第 390 条规定人民检察院审查逮捕部门或者审查起诉部门对本院侦查部门侦查或者决定、执行、变更、撤销强制措施等活动中的违法行为，应当根据情节分别处理。情节较轻的，可以直接向侦查部门提出纠正意见；情节较重或者需要追究刑事责任的，应当报告检察长决定。如果让这些经过检察长批准、办错了的案子，由具体办案人员承担责任，那当然是显失公平。

我觉得，司法体制改革的任务比较紧迫，逐项立法或修法所需时间较长，因此，不妨仿效 1985 年全国人大六届三次会议上通过的《关于授权国务院在经济体制改革和对外开放方面可以制定暂行的规定或者条例的决定》那种做法，由全国人大作出一个授权"一府两院"进行司法体制改革试点的决定。这样既可把司法体制改革纳入法治轨道，又可以为司法体制改革提供充裕的时间和较为广阔的舞台。

亟须
树立司法权威的三种方式

树立司法权威从三方面做起：第一，建立健全维护司法权威的职业保障制度。第二，加大宣传优秀法官人物的力度，防止因少数司法腐败现象而把整个法官群体妖魔化；第三，在媒体上加大曝光违法扰乱法庭秩序、侵犯法官职权和生活的人与事的力度。

司法是公平正义的最后一道屏障。法治国家、法治政府和法治社会不可或缺的重要标志就是司法拥有崇高的权威，这是国际社会的一项共识。因此，只要法官没有徇私枉法，只要办案程序公正，法官的生效判决就必须得到尊重；法官的职业尊严不能随意蹂躏；法官的人身安全与生活的宁静和稳定不能随意伤害。美国的辛普森案件尽管在当代多元社会中会有那么多的人不满，美国小布什和戈尔的总统大选纠纷虽然那么严重，但一经法院最后裁决，最终得到社会尊重。董必武同志早就指出，由于千百年来小生产者习惯的影响，人民群众中的确存在仇视法律的心理。法院办案有时很难做到让双方当事人都满意，一般总是胜诉者满意，败诉方不满意。社会利益是多元的，人们的认识能力、法律专业素养参差不齐，对法官的判决难免感受不同，无论法官在判决书中怎样说法、说理充分，终究难以统一所有人的思想认识。因此，社会可以对法官的判决有不同评价，但行为上要尊重法官的生效判决。如同足球场上运动员和观众可以对裁判员的某一裁判表示异议，但当场应该执行，尽管事后可以向专门机构提出复议。

而我国当前出现的一些现象严重背离了尊重司法的原则。《人民法院报》2015 年 2 月 17 日《损伤法官职业尊严的三把锉刀》一文指出，待遇是部分法官流失的原因之一，而职业尊严的损伤却常常是压垮法官职业坚守的最后一根稻草。绝大多数选择法官职业的青年不是奔着经济待遇来的，更多人看重的还是法官职业之上的精神彩虹，那就是法官的职业尊严。每个法官都有对职业尊严不同的定义，可是都会包括“审判行为不受阻挠、人格尊严不受侵犯、正常生活不受干扰”这三项基本标准。然而“无权处罚扰乱法庭行为、诬告陷害成本低、无理取闹终结难”，如同三把锉刀慢慢磨蚀着法官对职业的认同感与归属感。尤其是一些无理取闹的当事人采取频繁骚扰的方式，如打电话、发短信，很多法官不胜其烦、不得不更换号码。还有些人堵在法院门口、法官家门口，甚至用张贴大字报、邮寄骚扰信件等方式进行无理取闹，企图让法官放弃原则、满足其要求。面对蚂蚁叮咬般的无理取闹，法官常常是敢怒不敢言、惹不起躲着走。

我看了这篇文章后，就询问了一些过去我在校教过、毕业后到了法院工作的学生，情况确实如此。有一位基层法院法官对我说：“腊月二十九还被当事人堵在法院不让回家；正月初七上班还没走到法院门口，就被当事人拦下来。腊月二十七傍晚在法院门口等我下班的读高中的儿子，看到两个男当事人肆意辱骂我和另一位副院长，眼圈都红了，他说：‘妈妈，法官就是这样的活法吗？’”有一位中级法院法官对我说：“打不还手，骂不还口，穷困应该，累死活该，这是当前一些法官的真实现状。”有一位基层法院法官对我说：“除了办案，还要参加法律咨询，社区志愿者，包保困难户，包保棚户区改造。作为文明单位，还要在马路上拿小红旗进行文明劝导，以前还要当一天环卫工人，一天社区主任，法官能不累吗？”有一位执行法官对我说：“有一个申请执行人由于同时又因欠别人的款，执行回来的款项被冻结，不能支付给他，于是他就给执行庭长发送了这样的短信：‘……你这个狗官、这几年在执行庭贪了多少，这次不还我血汗钱，我要中央巡视组把你带走调查，还有最高人民法院巡回法庭的电话号码我已记好了。材料我写三张，就是告你的，书面我打印了一百份，网上也发布，不马上给我解决好了，有你好看的……’”在这样的环境中，法官要想公正审案，何其难也！党的十八届四中全会决定提出建设法治社会的诸多设计是多么及时和紧迫。我觉得，我们应该从如下三个方面积极行动起来，努力树立目前较为乏力的司法权威：

第一，建立健全维护司法权威的职业保障制度。《刑法修正案九（草案）》已征询社会多日，其中将《刑法》第 309 条修改为：“有下列情形之一，严重扰乱法庭秩序的，处三年以下有期徒刑、拘役、管制或者罚金：（一）聚众哄闹、冲击法庭的；（二）殴打司法工作人员或者诉讼参与人的；（三）侮辱、诽谤、威胁司法工作人员或者诉讼参与人，不听法庭制止的；（四）有其他严重扰乱法庭秩序行为的。”这一条很有针对性，更有审议和通过后立即实施的紧迫性。2015 年出台的《最高人民法院关于适用〈中华人民共和国民事诉讼法〉的解释》第一百八十一条规定：“因哄闹、冲击法庭，用暴力、威胁等方法抗拒执行公务等紧急情况，必须立即采取拘留措施的，可在拘留后，立即报告院长补办批准手续。院长认为拘留不当的，应当解除拘留。”这一条必须切实执行，此类案件更应在当地广泛宣传。

第二，在各行各业、全国各地都要加大宣传诸如邹碧华这样的优秀法官人物的力度，防止因少数司法腐败现象而把整个法官群体妖魔化；加大宣传当今国际主流社会尊重司法权威、保障司法权力正常运行、维护法官职业尊严、严惩扰乱法庭秩序的和法官正常生活的公约、惯例、事例等方面的力度，让人们明白在一个现代化的社会，应该怎样正确对待法官。

第三，要开展一个维护法庭秩序、保障法官正常行使职权和生活的专项行动，在媒体上加大曝光违法扰乱法庭秩序、侵犯法官职权和生活的人与事的力度。过去我们常说，敌人是最好的老师，要重视反面教材的作用。历史早已证明，树立学习榜样与批评坏人坏事一样重要。犹如当前反腐，在贪腐愈演愈烈的情势下，需要先治标、再治本，当前为了遏制一些人咆哮公堂、骚扰法官的势头，应该曝光一批、跟踪一批、惩治一批，让社会知道法庭的威严、法官的尊严不容肆意践踏。

借鉴
探索中国特色司法模式的三种渠道

打造富有中国特色的司法模式可从如下三个方面努力：第一，注重借鉴融汇大陆法系和英美法系的优点；第二，在坚持单一制国家司法体制的前提下，吸纳联邦制司法体制的元素；第三，注意吸纳中华法系和中国革命法制中的合理因素。

打造富有中国特色的司法模式（体制和审判方式），是司法改革的目标之一。从多年的司法实践来看，进行这项工作可从如下三个方面努力：

第一，注重借鉴融汇大陆法系和英美法系的优点。

在法律渊源方面，中国司法机关近年来创造了富有特色的以成文法为主、以案例指导制度为辅的法律适用模式。大陆法系的特点是以成文法、法典为主要的法律形式，优点是法律容易为一般人熟悉，缺点是容易出现法官对法律规范有不同的理解，要做到“同样情况同样对待”比较困难。英美法系的特点是以判例为主要的法律形式，尊重先例，法官造法。其优点是容易保持历史的延续性，缺点是法律实施的成本较高。

中华法系与大陆法系都重视法典、成文法，所以近代我们虽然首先被英国侵略，但却没有移植它的法系，而是通过清末法制改革主动移植了大陆法系的成文法、法典制度。近年来我们在保持用成文法为主要法律形式的前提下，也借鉴了英美法系判例法制度，以解决司法实践中同样情况没有同样对待的问题。最高法院2010年11月为了统一法律适用，颁布了《最高人民法院关于案例指导工作的规定》，建立了判例指导制度，要求各级法院应当参照最高人民法院审判委员会讨论决定的指导性案例来审判类似案例。实行案例指导制度的机关不仅是人民法院，还有人民检察院和公安机关，案例指导制度有三个系列，公安指导案例系列，检察指导案例系列和审判指导案例系列，分别指导公检法三机关的司法工作。显然，案例指导制度借鉴了英美法系的判例法，但又与之有明显的不同，它是中国特色社会主义司法制度的一个重要组成部分。

在审判方式方面，中国司法机关近年来创造了富有特色的融汇纠问式与抗辩式元素的审判方式。英美法系审判方式采用当事人主义或抗辩式，大陆法系则采用职权主义或纠问式。区别是前者的法官不参与调查，不直接参与庭辩，由当事人现场辩论，各自呈现自己的调查并互相攻击对方的弱点，律师的责任是想尽一切办法（不管是否道德）为委托人的利益而战，法官和陪审团必须认为当事人所说的就是案件事实，根据并只能根据庭辩中双方的辩论词句进行有罪无罪的判断。后者则是法官可以调查取证，控制庭辩进程，对不符合事实的证词进行干涉，律师的责任是帮助委托人呈送证据和其他所需材料，为委托人寻找有利证据。纠问式审判与抗辩式审判无所谓孰优孰劣，只有适应社会经济发展水平和国民整体素质的审判方式才是最适合的审判方式。

中国原来无疑是实行纠问式的审判方式，近年来的审判方式更多地强调要借鉴英美法系的抗辩式，但毕竟抗辩式对法官、控辩双方的素质要求及其审判成本远远高于纠问式，结果，现在我国的庭审模式融汇了纠问式和抗辩式两种元素。即：体现纠问式特点的法官可以亲自调查取证以及庭审中第一阶段法官主导法庭调查，与体现抗辩式的庭审第二阶段法庭辩论并存。

第二，在坚持单一制国家司法体制的前提下，吸纳联邦制司法体制的元素。

中国多年来一方面坚持单一制为主体形式的国家结构，另一方面又注意吸纳联邦制于我有益的成分。例如，在港澳地区实行的“一国两制”方针政策，显然就是在坚持单一制原则基础上吸纳了联邦制国家结构的成分。

与单一制国家的司法体制一般实行司法权归属中央的单一司法体制不同的是，联邦制国家一般是实行联邦法院与各州法院两个系统并存的司法体制。联邦法院执行联邦法律，处理联邦制下跨成员单位之间的纠纷。中国地域辽阔，仍处于社会主义初级阶段，司法方面的地方保护主义挥之不去，借鉴联邦制二元司法体制的做法，设立跨行政区域的司法机构，审理跨行政区的各种案件，确有必要。

第三，注意吸纳中华法系和中国革命法制中的合理因素。

中华法系中法官审理案件时注重道德教化、调解与惩罚相结合，判决书注重说法与说理相结合，这些已被今天的司法机关吸纳。调解制度已构成中国特色司法模式的一部分。

有人对中国革命法制不屑一顾，其实，它也有一些值得今天借鉴的成分。最突出的是体现我党群众路线的马锡五审判方式。

1. 在我国经济比较落后、交通条件不够发达的地方，以及对一些参加诉讼的残疾人士、行走不便的老人，带卷下乡、就地审判的马锡五审判方式仍然是可以仿效的。如《人民法院报》2015 年 3 月 21 日《小场所大便利：剑阁诉讼服务点的蝴蝶效应》一文报道，四川剑阁县大部分乡镇地处偏远，一场官司打下来，群众要在几十公里的山路上跑几个来回。剑阁法院为此设立法院诉讼服务点，通过定期服务和预约服务的方式，将人民法庭的工作触角进一步向偏远乡镇和村组延伸，开展预约立案、巡回审判、协助执行、信访化解、普法宣传等工作。

2. 马锡五审判方式便民、利民的精神，借助现代科技仍然可以转化为庭审成果。《人民法院报》2015 年 3 月 23 日《湖南靖州“电话法庭”快刀斩乱麻》一文报道，湖南省靖州苗族侗族自治县人民法院多措并举扎实推进信息化建设，搭建便民利民平台。一是开设了视频法庭——“QQ 视频法庭”。通过组织当事人双方通过视频实现对话，减少当事人讼累，有效化解矛盾纠纷。二是开设了电话法庭。分处两地的当事人都愿意离婚，法官通过电话查证确定之后，让不在法庭所在地的一方当事人传来经过公证的愿意离婚及其子女扶养协议的邮件，了结此案。

促进
发挥司法对立法的积极作用

"释无"的司法解释先行、立法机关随后根据实践而予以删补确认，这已成为中国立法体制和立法实践的一种特色。

毫无疑问，由于中国实行的是人民代表大会制度下的"一府两院"制度，以及中国大陆法系传统的历史背景，中国的立法体制应该是人大主导立法。但由于较之国外，我国人大及其常委会人数较多而开会不易、会期较短而理事不易、兼职较多而立法专业知识培训不够、社会转型带来社会关系不稳定等种种原因，除了人大及其常委会的立法起草权相当一部分落到了行政机关手里之外，司法机关的一部分司法解释也成为"革命军中马前卒"，客观上起到了代行立法机关立法的作用。江必新先生在《法学研究》上的一篇大作中把司法解释分为"释有"和"释无"两类，而后者实际具有暂补立法空白的地位。回顾改革开放以来中国的法律创制历史，不难发现，

"释无"的司法解释先行、立法机关随后根据实践而予以删补确认，这已成为中国立法体制和立法实践的一种特色。

柳经纬先生 2012 年在《法学家》发表了《当代中国私法进程中的民商事司法解释》一文指出，当代中国正处在社会变革时期，急剧变化的社会关系需要法律及时作出反应。最高人民法院的司法解释与民商事立法相得益彰，构成了当代中国私法进程的两条十分醒目的发展脉络，司法解释时而还扮演着先行者的角色。尽管存在着一些与社会变革不相协调的、引发争议甚至遭受谴责的司法解释，但作为一种具有中国特色的法律现象，在构建私法秩序方面，最高人民法院的司法解释仍大有可为。文章列举例证时说道，从 1979 年到 2011 年，最高人民法院共作出各种民商事司法解释 469 件。其中，"意见""规定""解释""纪要"等形式的规范性民商事司法解释主要有：综合类的司法解释；物权法类的司法解释；合同法类的司法解释；婚姻家庭、继承法类的司法解释；损害赔偿法类的司法解释；知识产权法类的司法解释；商法类的司法解释。这些解释在私法制度构建中的作用主要有以下两点：一是司法解释先行于立法，为私法的制度构建奠定基础。二是司法解释进一步充实私法制度，其本身成为私法制度的组成部分。

司法解释不仅在司法立法中发挥了暂补立法空白的作用，公法领域也是如此。湛中乐先生在《法学杂志》2015 年第 3 期发表的《行政诉讼法的"变革"与"踟蹰"》一文，指出 2015 年 5 月实施的新行政诉讼法对原来旧法的修改，遵循了经验主义为主，制度设计为辅的路径。"经验主义为主"主要体现在两个方面：首先是坚持问题导向，即围绕行政诉讼实践中面临的“三难”问题展开，具有经验主义基础。其次，尊重司法或者已有立法经验，将司法解释或者已有立法转化为行政诉讼法的内容。其中，后者是经验主义的主要表现。根据法律文本的前后比较，本次修法直接将司法解释或者其他立法规定引入修法决定至少有32条，占到决定条文的50%以上（决定涉及61条）。

目前存在的一个问题是，我国各地经济社会发展很不平衡，是否允许省、直辖市、自治区一级的高级法院和检察院颁行适用于本辖区的司法解释。根据《最高人民法院、最高人民检察院关于地方人民法院、人民检察院不得制定司法解释性质文件的通知》规定，一是地方人民法院、人民检察院应当自本通知下发之日起，分别对单独制定的司法解释性质文件进行清理；对法、检两家制定或者与其他部门联合制定的，由原牵头部门负责清理并做好沟通协调工作；对不属于地方人民法院、人民检察院牵头制定的，要主动会同相关牵头部门研究处理。清理工作应当于2012年3月底以前完成，由高级人民法院、省级人民检察院分别向最高人民法院、最高人民检察院报告清理结果；二是地方人民法院、人民检察院在总结审判工作、检察工作经验过程中，认为需要制定司法解释的，按照《最高人民法院关于司法解释工作的规定》和《最高人民检察院司法解释工作规定》的要求，通过高级人民法院、省级人民检察院向最高人民法院、最高人民检察院提出制定司法解释的建议或者对法律应用问题进行请示。

然而，面对地域辽阔、多姿多彩的社会现实，最高法和最高检的司法解释也未必能及时作出、及时满足各地司法实践需要，因此，不少省、直辖市、自治区一级的司法机关近年来突破了上述禁令，出台了不少实质上具有司法解释约束力的文件，对此该怎样办呢？笔者认为，最高法和最高检应该寻求变通之路，不能让这种“良性违规”的现象长期延续。解决的方向应该是放而非堵，因为，司法在一定范围里主导立法，已被实践证明是行之有效的中国特色立法实践。

争点

法官庭审技能决定司法效率

司法体制改革的根本目的是为了解放司法生产力，解放司法生产力的根本任务是解放司法生产力的主体——法官。解放法官的目的是通过去除一切束缚法官能力发挥的体制机制，使法官的庭审技能得以正常的发挥、职业性的增长。

“迟到的正义非正义”，因此，保持较高的司法效率是司法公正不可或缺的要求。司法效率不高是当下我国司法实践中的一个突出问题，是本次司法体制改革所要解决的“六难三案”中的题中之义。关于司法效率不高的原因，时下人们多归结于案多人少、当事人虚假恶意诉讼、法院内部案件审批及向上级法院请示等诸多原因。这些无疑是正确的，但除此之外，长期以来由于忽视庭审技能的研究、训练，导致一些法官缺乏熟练的庭审技能，因而使得庭审效率不高，也是一个不能回避的大问题。司法体制改革的根本目的是为了解放司法生产力，解放司法生产力的根本任务是解放司法生产力的主体——法官。解放法官的目的是通过去除一切束缚法官能力发挥的体制机制，使法官的庭审技能得以正常的发挥、职业性的增长。

早在5年前，优秀法官邹碧华就深感这一问题的重要。他为此出版了专著《要件审判九步法》，结合基层法院一线法官的办案实践，吸纳王泽鉴、杨立新等学者的研究成果，提出了民事审判方面的要件审判九步法，以请求权和抗辩权基础作为法律适用的基本出发点，以法律规范构成要件作为审判的基本元素，以简明具体的操作步骤作为抽象审判思路的基本载体，将民商事案件的审理分解为九个步骤，在厘清法官办案思路、提高办案技能、提升办案方法科学性上进行了有益探索。据笔者所知，邹碧华的九步法在上海法院起到了一定的指导作用。

但我国地区差异性很大，法官更新换代也未停步，因此，庭审技能问题虽在某些区域、某些法官得到重视，但在全国范围、初任法官的年轻人群体里还是一个大问题。所以，最近以复旦大学章武生教授担纲的研究团队再一次提出了这个问题：不管是大陆法系，还是英美法系，他们的庭审都是围绕双方当事人的争点而展开，法官也对此公开心证；而我国的庭审往往脱离争点，法官按照自己的思路去寻找证据，而且对心证也深藏不露。整个庭审过于形式化。无答辩、无证据交换、无争点的“三无”庭审，以及诉请不明确、审理对象不明确、审理范围不明确的“三不明”庭审，是当前庭审方式的痼疾，功能健全的庭审需要实质化的庭前准备和争点整理，在不对现行审判方式做“大手术”的前提下，从庭前准备和争点整理这样的技术问题切入，是提高庭审效率和服判息诉率的一条道路。

正如章武生教授指出的那样，我国法院的一审案件，半数以上每次开庭都长达半天时间，开庭次数都在 3 次以上。而在我国台北地方法院有 5 个法庭开庭，最多的一个法庭下午开了 8 个庭，最少的一个法庭下午开了 3 个庭，没有一个案件开庭时间超过 1 个小时。日本、韩国也基本上是这种情况。为什么开庭时间会出现如此大的反差？其中一个重要原因，是我们许多案件没有适时地确定争点，法官整理争点的技术欠缺，大量时间浪费在许多不需要审查的证据上。那么，是否庭审时间花得多，庭审质量会更高呢？正好相反，因为这些案件往往是没有适时确定争点或争点确定不当，审查了大量不需要审查的证据，这种冗长而低效的审理过程更容易导致错案、突袭裁判、当事人不满等弊端。这从反面证明了大陆法系许多国家和地区“未确定争点前法庭不得调查证据”规定的正确性。

邹碧华非常看重庭审中的争点归纳。他把这一点列入要件审判九步法中的第六步。什么是争点整理？他说，争点（亦称争议点、争执点或争议焦点）就是当事人存在争议的具体事项，通常包括法律和事实两个方面的事项。在一起民事诉讼中，涉及的事项可能会非常广泛，而当事人不可能就所有的事项都展开对抗，法官也不可能审理与案件有关的所有事实。审理重点的确定依赖诉讼争点的形成，只有形成诉讼争点，才有可能使案件的审理重点得到明确。争点既是当事人进攻和防御的重点，也是案件审理成功与否的重要前提。因此，争点整理是民事审判中的一项基本技能，也被认为是民事案件审理的主线或“脊梁”。

争点整理有什么作用？第一，它有聚焦作用，可以有效限缩审理范围。第二，它有引导诉辩争锋作用，避免当事人无的放矢、遗漏争点，促进当事人的诉辩层层递进。第三，它可以减少重复性的陈述，加快法庭审理效率。第四，它有利于理清裁判文书的制作思路。

既然争点整理如此重要，它就要求法官高度重视争点整理能力的训练，提高庭前准备的质量、庭审中的专注力和归纳能力。

一个是长期工作在一线的法官，一个是长期研究民事诉讼法的学者，他们不约而同地提出了庭审技能问题，这说明司法体制改革肯定包括不少像怎样开庭一类的技术问题。从这类问题出发，容易避免无谓的争论，而且反过来会促使制度和观念的变革。例如，为了做到围绕双方当事人的争点展开庭审，就要做一些制度的规定，因为现行法律没有要求庭前答辩和庭前举证，当事人在庭审中答辩和举证没有任何制约，法官无法做到庭审前归纳争点、庭审中围绕争点展开；为了做到围绕双方当事人的争点展开庭审，就要真正确立司法民主理念，吸纳当事人主义、辩论原则等有关理念。

庭审技能是职业技能，是法官的内功，当外部不利于法官独立审判的不合理因素消除之后，庭审技能的高低必然会成为社会关注的焦点。“没有三代，培养不了一个贵族”，法官不能总是抱怨外部环境如何差，请问外部环境改善之后法官的庭审技能具备了多少？

矛盾
司法公信力呈现“四个交织”

在社会主义中国，法律是党的意志和人民意志相结合的产物，是党领导人民制定的，服从法律和坚持党的领导本质上是一致的。中国依法治国的实践，必须从坚持社会主义初级阶段基本理论出发，坚持党的领导、人民当家做主和依法治国的统一，迈上“秩序”“渐进”与“综治”之路，最后走向成熟的法治社会。

过去一个历史时期内，“依法治国”曾被视为“以法抗党”的一个反动口号，许多主张依法治国、发展社会主义民主和加强社会主义法制的有识之人在1957年的“反右”运动中被错划为右派分子。党的创始人之一董必武同志，因为坚持法治主张，曾四次遭到批判，最后在“文革”期间连续四次给别人书写了“群言堂”之后抑郁而终。这种现象直到改革开放后才得到拨乱反正。其实，在社会主义中国，法律是党的意志和人民意志相结合的产物，是党领导人民制定的，服从法律和坚持党的领导本质上是一致的。

转眼间，党和国家提出依法治国的方略已经 20 多年了，一方面人们感到我国的依法治国确实取得了巨大成就，但另一方面又对现状感到很不满足。原因何在？我认为，根本原因就在于我国现在还处于并将长期处于社会主义初级阶段。经过改革开放 30 多年的努力，一方面中国特色社会主义法律体系已基本形成，国家经济建设、政治建设、文化建设、社会建设以及生态文明建设等方面都实现了有法可依，中国法治建设的主要矛盾已经从有法可依转向有法必依；另一方面，我国执法和司法工作有了巨大发展，不仅建立起完善的执法和司法体制，而且建立起一支具有专业素质的执法和司法队伍。但是，与人民群众对严格执法和公正司法的渴求相比还有较大差距，特别是执法不严、司法不公、司法腐败问题还很突出。例如，根据江西省高级人民法院课题组发表的一项专题研究，人民法院司法公信力问题就呈现“四个交织”。

其一，案件质效不断趋好与司法公信力不断趋弱的现象交织。

随着近年来法官的综合素养不断提升，司法行为更加规范透明，审判管理日益加强，人民法院案件质量、效率和效果取得了实实在在的发展进步，司法统计数字为此提供了强有力的论据。但人民法院司法公信力并未随着案件质效的不断提高而相应提升，在很多表征上还呈下降态势，如司法的权威不够理想，人民群众不信任司法的情绪有所蔓延，社会舆论质疑司法的声音还很多。这种现象在官方常被表述为“人民法院的自我评价与社会评价之间存在差距”。

其二，当事人维权意识增强与权利滥用现象交织。

在当事人利用司法审判维护权益的意识不断增强，法院受理案件数屡创新高的同时，虚假诉讼，不服从裁判、不履行裁判，规避执行、暴力抗法，信访不信法、以信访谋取不当利益的现象比较突出。也就是说，权利意识、法律观念的增强并没有有效转化为尊法守法的自觉行动，当事人对司法的利用存在很强的功利主义色彩，对司法的评价因为掺杂着客观利益因素而存在一定的偏见。实践中死刑案件闹访现象突出就是典型例证。

其三，社会公众对司法的客观评价与主观臆断交织。

社会公众对司法的不满情绪并非空穴来风，无中生有，司法本身客观上存在的种种不足与问题，在信息化时代得以充分暴露，而这种负能量在很大程度上影响甚至主导民意对司法的评判，导致司法的社会评价不高。但有必要注意到，社会公众在认知司法时获得的基础信息在一定程度上与司法的真实状况并不完全对称。譬如，通过法律程序固定下来的定案证据与公众对案件事实的当然判断之间，法官的法律思维、职业判断与公众的道德思维、常理判断之间常常存在一些偏差。在这种信息不对称的情形下，社会公众对司法的认知及其对司法的质疑也因此可能会带有一定的偏见或主观臆断。再如，在很多热点案件中，由于这些案件本身包含着公权力滥用、公民维权难等因素，人们往往不容易站在客观、公正、中立的立场，更容易随从沸腾的民意，选择性地摘取信息、摘取事实，把破碎化的信息强行拼凑，而不考虑其客观与否；选择性地以社会道德、公众伦理而不是法律来作为评判是与非的标准，并以此质疑司法活动与司法裁判。

其四，司法公信力不足与法官对司法的自信不强交织。

前述分析显示，法官对司法的自信也未随着案件质效的不断提高而相应增强。相反，在当前社会诚信整体不足、外界对司法信任感不强的背景下，在办案的各种压力下，法官对司法的自信也屡屡受挫。有的法官不仅不太信任一些“同道中人”的职业能力乃至职业操守，而且也怀疑起自身职业使命的尊荣与神圣。当法院和法官缺乏司法自信时，在案件的裁判上难免会出现犹豫、迟疑、遮掩、妥协等倾向，这会极大地劣化司法的品质，严重地破坏公平、正义，最终影响司法公信力的提升。

之所以出现上述现象，是因为社会生产力的迅猛发展与经济基础的急剧变化，往往会引起上层建筑、价值观念领域的不适应现象，这在社会转型时期难以避免。那么，如何认识中国依法治国的难点、重点和特点？这是我在《论法治》一书中着力探讨和回答的问题。一言以蔽之，中国依法治国的实践，必须从坚持社会主义初级阶段基本理论出发，坚持党的领导、人民当家做主和依法治国的统一，迈上“秩序”“渐进”与“综治”之路。

执行难
13年执结7800元带来的法治思考

当前法院执行难的一个重要原因是因为我国还处于社会主义初级阶段，社会人口结构不是成熟法治所赖以依存的“橄榄型”。

2015年7月5日《人民法院报》刊载了一篇文章《13年执结7800元的启示》，叙述江西省永新县法院的法官用了整整13年时间，执结了一起还款案件。案由是这样的：

1999年3月，李某因生意需要向龙某借款1.31万元，但之后李某却以各种理由一直不还款，龙某遂向法院起诉并胜诉，李某在支付5300元之后不见踪影。2000年，龙某向法院申请执行。案件进入执行程序后，执行人员经过对李某银行存款、房产、车辆等财产线索进行全面调查，仍未发现任何可供执行的财产，被执行人李某也不知去向，案件终因查不到被执行人的下落和财产，一时陷入僵局。之后，因案件时间已到而不得不先终结该次执行程序。

幸运的是，案件在2013年5月出现转机。5月份的一天，承办该案的陈法官来到李某家中，刚好和李某碰个正着，没想到李某很配合工作。李某说明了他当时的情况："当初因为做生意亏本，加上妻子患有疾病，需要治疗，实在没有钱还债，所以一直留在外面打拼没有回来。现在条件还可以，我也是从深圳回家没几天，我现在就还掉这笔债务。"随后，李某从家里取出7800元交给陈法官。

作者撰写该文旨在说明要提升司法公信力，一定要坚持不懈地对待每一个执行案件，数十年如一日。而我则从该案中得出另一个结论：当前执行难的一个重要原因是因为我国还处于社会主义初级阶段，社会人口结构不是成熟法治所赖以依存的"橄榄型"。

所谓"橄榄型"社会结构，顾名思义如同橄榄——"两头小，中间大"的似球状体，它所表明的是社会阶层结构中极富极穷的"两极"很小，而中间阶层相当庞大。世界上许多发达国家都是这种结构，中产阶层人口一般都在总人口中占到60%以上。中产阶层是民主法治社会的基础。第一，中产阶层可以缓和贫富对立，有利于保持社会稳定。这就保证了法治运行的前提：稳定。稳定不一定有法治，但无稳定则断无法治。西方法谚云"枪炮作响法无声"，我前几年也论证过"乱世无法治"。第二，中产阶层占人口比例越高，就使得法治的经济基础越雄厚。"仓廪实知礼节，衣食足知荣辱"。前几年我提出过"贫困无法治"，如果政府贫困，就无法付出必要的立法、执法和司法成本，导致无法可依、有法不依或有法乱依；如果民众贫困，就不会有权利意识、诉讼意识和守法意识，反而会有"要钱没有，要命有一条"的冒险意识。第三，中产阶层人数越多，社会讲诚信的氛围就会越浓厚。中产阶层过着体面的小康生活，比较注意自己的信誉、体面；中产阶层具有较高的文化修养，能够理解法律的理性，与法律精神能够契合。前几年我提出过“愚昧无法治”，论述过这个道理。

我国政府进入21世纪后就提出了扩大中等收入群体，构造“橄榄型社会”结构。这并非一蹴而就的事情。最近，社会学家李强撰文《我国在正在形成“土字形”社会结构》(5月25日《北京日报》)指出，对比五普和六普的I–SEI社会结构，中国社会结构变化的总体特征是，得分值较低的底层群体出现了明显的向上流动的趋势。中间层的某些群体主要是中下群体，有所扩大。但是，从总的社会结构图形看，大体上还是属于底层比较大的社会结构特征，基本上可以说还是类似于一种“倒丁字形社会结构”，当然，如果说形状是“土字形社会结构”也可以。总之，中产阶层的某些群体有所扩大，但是，整体社会结构还没有根本改观，中产阶层在全社会中仍然比例较小。

我国目前中产阶层比例比较小，这就从一个方面加剧了我国法院的“执行难”。因为中产阶层以上的人口如果居多，有财产可执行；贫困人口居多，无多少财产可执行。2009年我国案件执行标的到位率刚超过60%，该年的统计数据显示，全国执行标的到位率在50%以下的有5个省的法院，最低的仅为22.77%；2010年，全国有5个省的法院执行标的到位率在60%以下，最低的仅为14%；2011年，仍然有5个省的法院执行标的到位率在60%以下，最低的仅为21.51%。全国法院平均每年处理的具有财产内容的民事案件约450

万件，而进入到执行阶段的大约 250 万件。也就是说，从全国来看，约 60% 的生效法律文书不是靠当事人自动履行，需要法院去强制执行。这个数据比起十年以前，大大增加，进入执行程序的案件所占比例也大大提高。进入法院执行程序的原因十分复杂，有当事人履行能力不足的因素，有不服裁判而不主动履行的情况，还有故意拖延甚至想赖账。尽管没有一个客观具体的数据统计上述各因素在其中所占的比例，但有关调查显示，债权人申请执行时，被执行人无财产可供执行的案件占受理执行案件的 30% 至 40%（江西省高院课题组:《人民法院司法公信现状的实证研究》，2014 年第 2 期《中国法学》）。

13 年执结 7800 元案件，可以说是我国未进入“橄榄型”社会带来的“执行难”的一个生动写照。债务人李某不是成心不还欠款，而实在是无钱可还。待到 13 年后他有钱了，也就自愿履行义务了。这表明构筑“橄榄型”社会多么重要！

法大于势

脱离法治的民主和专政皆不可取

坚持人民民主专政是必要的，但民主和专政都要依法进行。脱离法治轨道的民主和专政皆不可取。

最近，围绕专政与法治的关系，有人主张法治不能代替专政，把专政与法治似乎看成鱼与熊掌不能兼得的关系。这使我想起上世纪 90 年代我任《法学》总编时就“依法从重从快”提法的来历问题，对上海市高院原副院长杨时同志所作的一次专访，这次专访后来收录到笔者与李步云、郭道晖共同主编的《中国当代法学争鸣实录》一书中。

1980 年下半年，时任上海高级人民法院副院长的杨时同志，以一名上海法学学会会员的身份，在一次学术研讨会上作了“从重从快打击刑事犯罪分子究竟应依‘两法’（刑法和刑事诉讼法）进行，还是依‘形势需要’进行”的发言，这是法学界首次探讨“严打”

问题。一场风波由此而起。

杨老告诉笔者，那是在 1980 年上半年，一位中央政法工作方面的领导人来上海视察政法工作，在一次座谈会上，他提出了要根据形势需要，迅速开展从重从快打击危害社会治安的刑事犯罪分子的活动。他只提根据形势需要而未提依照现行两法（刚刚生效实施的刑法和刑事诉讼法）来进行“从重从快”。不过，他当时说过，这只是他个人的看法。

许多同志对他提出的“要根据形势需要开展从重从快打击刑事犯罪分子”的观点议论纷纷。一些同志疑虑是：1979 年我国制定了“两法”，1980 年开始实施，好不容易有了法，全国人民都在关注它们的实施，可现在却离开“两法”要求，沿用过去法制不正常时期的提法“根据形势需要”，这究竟是前进，还是停滞？是推进法治，还是阻碍法治？

思想上的混乱，容易带来工作上、执法上的混乱。由于片面地强调根据形势需要，结果在刑事审判活动中产生了一些不正常的现象：一是某些地方在“从重从快打击”活动中，公、检、法联合办公，检察院提前介入，忽视了司法机关之间的相互制约关系。二是一些地方把一般盗窃诈骗作为其他严重社会秩序的惯犯判处了，往往一判就是“满贯”。对具有刑法规定的犯罪预备、犯罪中止、自首、从犯等从轻情节的案件，也加重判处了。有的在已加重的基础上一再加重；有的人为“从快”，不顾法律程序，今天将检察院起诉副本送达被告人，明天就开庭审判，似乎越快越好。三是对“惩罚与教育相结合”的方针重视不够。一些地方主张用“治乱世，用重典”来对待青少年犯罪。四是法院的独立审判问题不被重视了。有的同志认为某个案件量刑轻了，就说法院跟不上形势，指责法院思想右倾。个别领导甚至利用职权指令法院对某案件定什么罪、判什么刑。每当刑事案件上升，治安情况不好，法院受到的指责就更多，似乎都是法院工作不力造成的。

这些问题引起了杨老的沉思：究竟是依形势需要还是依照“两法”开展“从重从快”。作为一名高院分管刑事审判工作的负责人，杨老觉得不能草率地把自己对领导讲话的疑虑告诉在第一线工作的同志，就在这时，他接到了上海市法学学会举办学术讨论会的通知，于是，就把自己的疑虑在会上提了出来，让学术界的学者、专家讨论一下。

杨老提出三个问题请大家探讨：第一，“两法”的制定是否脱离了形势需要？究竟是应该依法办案，还是根据形势需要办案？杨老认为，刚刚生效实施的刑法和刑事诉讼法就是根据党的十一届三中全会决定工作重点转移以后，搞社会主义现代化建设成为新时期的总任务和国内的总形势而制定的，没有必要再另外强调什么形势需要，否则就会引起思想混乱。

第二，办案要根据形势需要的观点，在刑法理念上和刑事立法上都是没有根据的。判定一个人的行为是否犯罪，刑法第十条已有明确规定。一是危害社会的行为，二是应当受到刑罚处罚的行为。

第三，刑法也有不少从重处罚的规定，但这些从重处罚的条件是以行为人在犯罪中所自处的地位和作用，以及犯罪行为产生的实际后果确定的，它与形势需要无关。

与会的同志听了杨老的发言，没有什么不同意见，大家都认为不应脱离“两法”而根据形势需要开展“从重从快”打击活动。“根据形势需要”是过去不重视法制年代的习惯做法，现在制定一系列法律就是为了纠正它。

1983 年邓小平同志在同公安部负责同志的谈话中，明确指出：“必须依法从重从快集中打击。”“从重从快”之前加了“依法”两字。因此，必须坚持人民民主专政，但民主要依法进行，专政也要依法进行，脱离法治轨道的民主和专政皆不可取，这早已成为人们的共识。

稳中有变
秩序、渐进与特色

发展中国当代的民主政治，内容上必须具有中国特色，操作上必须循序渐进，历程中必须有条不紊。

中国不仅仅需要以建立社会主义市场经济为目标的经济体制改革，也需要以发展社会主义民主政治为目标的政治体制改革。但在邓小平看来，中国的民主政治，内容上必须具有中国特色，操作上必须循序渐进，历程中必须有条不紊。

中国社会主义民主政治的“中国特色”表现在何处？概而言之，就是三项价值判断标准、四项基本原则和五项重要制度。

人类不仅求真，而且求善，《渴望》主题曲《好人一生平安》中的“谁能告诉我，是对还是错，问询南来北往的客”，因而才成了人们吟唱不已的歌。同样，一个国家的政治制度是对还是错的标准应该是什么？抛开那些抽象含混的公平正义命题，邓小平朴朴实实地把它归纳为三条：一是看它能否维护国家的政局稳定，二是看它能否增进人民的团结，改善人民的生活，三是看它能否促进生产力的持续发展。

任何国家的民主政治都要建立在一些整个社会都认同的价值观念之上，才能使得各个阶级、阶层共处一个民主政治的生态圈子之内。否则，只能刀枪相见了。在英国维多利亚时代，执政党议员坐在女皇的一侧，而反对党议员则坐在女皇的另一侧，是忠于女皇而履行监督执政党的反对党，现代政治学术语将此称为“忠诚的反对”。

邓小平把四项基本原则视为立国之本，视为中国民主政治的基石。同时，邓小平强调仅仅做到坚持还是不够的，更重要的是我们必须根据新的丰富的事实，为发展作出新的有充分说服力的贡献。

中国封建社会之所以能够延续两千多年，创世界中世纪历史之最，是因为其郡县制度、君主制度、宰相制度、科举制度等长期延续不变；美国除了四年的南北战争之外，二百多年政治稳定、经济发展，与其二百多年基本不变的宪政制度密切相关。与此同理，邓小平认为，中国有五项重要制度必须长期基本不变，才能保证中国的长足发展，实现中华民族的伟大复兴。这五项重要制度就是：民主集中制、中共领导的多党合作与政治协商制度、人民代表大会制度和基层群众自治制度。在这五项制度中，邓小平特别强调民主集中制的重要性。

1992 年 7 月，他在审阅党的十四大报告时指出，我们党和国家历来的制度，就是民主集中制。这个制度是最便利的制度，最合理的制度，是我们的根本组织原则。邓小平这样看重民主集中制，是因为这个制度使社会主义国家具有三权分立体制的资本主义国家所不具有的一个最大的优越性：集中力量办大事，即：要干一件事情，一下决心，一做出决议，就立即执行，不受牵扯。西方发达国家当年按照“最好的政府最少管理”的原则，以及提高摩擦系数、降低运行速度、赢得运行安全的原理，设计了三权分立的政体。中国属于抢速度、追赶型的现代化国家，不适宜实行那种政体。

通观改革开放时期邓小平进行政治体制改革的实践，总体设计、渐进实现像一根红线那样贯穿其中。例如，废除人民公社，实行家庭联产承包责任制，实现了农民土地经营权，邓小平强调这要长期坚持不变。但将来为了适应科学种田和生产社会化的需要，则必须发展适度规模经营，建立一种新型的集体经济形式，实现农民的土地经营流转权。邓小平认为这是中国农业发展的第二个飞跃，也很有必要。

有秩序虽然不一定有民主自由，但若无秩序则断无民主自由，断无经济发展。就此意义而言，确实如同邓小平所说的那样：稳定压倒一切，怎样保持稳定的社会秩序，关键有两条：一是坚持共产党的领导。党要成为五十六个民族紧密团结的凝聚者、各个利益群体达成共识的整合者和国家统一的真正维持者。二是民主要法律化。法律一方面保障民主不被践踏，另一方面又划定民主边界，防止民主变成无政府主义。

秩序、渐进与特色，是一个目标、过程和手段相互联系的整体。中国的老百姓用自己的语言表达了对邓小平这些理念的认同：自由不能“化”，民主不能“大”，中国不能乱。1957 年 11 月，毛泽东访问莫斯科同赫鲁晓夫谈话时，一面指着随员邓小平，一面对赫鲁晓夫说，那个小个子很有智慧，将来会是个了不起的人啊！真是英雄识英雄呀！

适可而止
群众运动不是执政方式

董老在肯定群众运动历史合理性的同时，实事求是地指出群众运动不可避免的副作用。在从革命党转变为执政党之后，突破法治的大规模急风暴雨式群众运动只会导致阶级斗争的严重扩大化。

1927 年 3 月，毛泽东同志发表了著名的《湖南农民运动考察报告》，文中醒目小标题之一就是"'糟得很'和'好得很'"，意即湖南农民运动究竟是好得很，还是糟得很？年轻的毛泽东意气风发地说："'好得很'是农民及其他革命派的理论。一切革命同志须知：国民革命需要一个大的农村变动。辛亥革命没有这个变动，所以失败了。现在有了这个变动，乃是革命完成的重要因素。一切革命同志都要拥护这个变动，否则他就站到反革命立场上去了。"毛泽东同志的这一观点在当时无比正确，不破坏一个旧世界，就无法建立一个新世界。但正确的理论最怕"播下的是龙种，获得的却是跳蚤"，到了新中国成立之后，许多事情应该通过法治来解决，可我们却还是习惯性地用群众运动来解决，而且很少有人敢对群众运动说半个“不”字，“好得很”成了对群众运动不加分析、唯一不变的评价。

董必武是一位无产阶级革命家，他当然要充分肯定群众运动的历史合理性。1954 年他在中国共产党第二次全国宣传工作会议上的讲话中指出，没有群众运动是不行的，比如土地改革，仅仅靠中央政府发布一个法律而不动员群众是不行的，必须发动群众，让群众来参加，问题解决得才比较彻底。“三反”“五反”、思想改造、民主改革这些大规模的群众运动，对我们的政权巩固是起了很大作用的。

但与众不同的是，当许多人对群众运动盲目崇拜，一味呼喊“好得很”时，董老却能在肯定群众运动历史合理性的同时，实事求是地指出群众运动不可避免的副作用。这在当时党内外是罕见的。1956 年董老在党的八大所作的大会发言中明确指出，群众运动可能带来的副产物，就是助长人们轻视一切法治的心理，增加党和国家克服这种心理的困难。尤其是在国家的中心任务由解放生产力变为发展和保护生产力，需要进一步健全人民民主法制的情况下，就不能再把群众运动当作常用之策或执政方式。董老形象地指出，八级以上的风，刮一阵是自然现象，经常刮就受不了，把树吹倒了，人不能出门，经常刮是不行的。群众运动虽然是个法宝，也具有创造法的功能，但毕竟不能经常搞，因为震动太大。

群众运动不能经常搞，是因为人民群众中存在对法律仇视和不信任的传统心理。董必武 1954 年 5 月在中国共产党第二次全国宣传工作会议上的讲话中指出，劳动人民在解放以前对一切反动的法律存在仇视和不信任的心理，这在旧社会中是可以理解的。劳动人民已经取得了政权，就必须建立革命秩序，遵守按照自己的革命意志定下来的法律秩序。但是这一点是不容易很快做到的。如同列宁所说，千百年来，国家都是压迫人民和掠夺人民的机关，它给我们的遗产，是群众对一切国家事务的极端仇视和不信任心理。克服这种心理，需要经过长时间和坚韧不拔的努力才能完成。列宁这段话对中国也是适用的。在过去，人民对旧的统治者的反动法律是仇视和不信任的，这种心理继续到革命胜利以后，那就是很不好的一种现象。我们要想办法使人民从不信法、不守法变成为信法、守法。

董老指出，人民群众中对法律仇视和不信任的传统心理，与当时我国社会各阶级中小资产阶级占绝对多数密切相关。如同列宁所说，小资产阶级常常表现出极端的革命狂热，但不能表现出坚韧性、有组织、有纪律和坚定精神。小资产阶级的思想容易和无政府主义的思想相投合。一切轻视法制的思想，实质上就是小资产阶级的无政府主义思想的反映。

群众运动不能经常搞，是因为群众运动容易侵犯当事人的民主权利。董老为《人民日报》撰写的社论《进一步加强经济建设时期的政法工作》指出，由于过去处在紧张的战争和大规模的社会改革运动中，由于法律还很不完备，以致有一些人被错捕、错押或错判，人民的民主权利受到侵犯。

历史已经证明董老的上述观点完全正确。1981 年 6 月中共中央通过的《建国以来党的若干历史问题的决议》在分析造成“文革”动乱的原因时指出，我们党过去长期处于战争和激烈阶级斗争的环境中，对于迅速到来的新生的社会主义社会和全国规模的社会主义建设事业，缺乏充分的思想准备和科学研究。在社会主义改造基本完成以后，在观察和处理社会主义社会发展进程中出现的新矛盾新问题时，容易把已经不属于阶级斗争的问题仍然看作是阶级斗争，并且面对新条件下的阶级斗争，又习惯于沿用过去熟悉而这时已不能照搬的大规模急风暴雨式群众性斗争的旧方法和旧经验，从而导致阶级斗争的严重扩大化。

这一重要决议可以告慰董老的在天之灵。“待到山花烂漫时，她在丛中笑。”

独树一帜
追求有中国特色的类型法治

中国特色的“类型法治”，是可以和大陆法系、英美法系并立的一种“类型法治”。其由以下几个要素构成：第一，中华法系的成分；第二，以社会主义成分为主、同时吸纳资本主义某些成分；第三，社会主义建设时期的计划经济法治的成分。

近代以来，中国学界就围绕中国社会与西方社会的法治差异展开热烈讨论，大体可分如下两种意见：

第一种是认为这些差异是社会发展阶段不同而造成的。严复在《论世变之亟》一文中以“物竞天择，适者生存”的进化论观点，指出中国长期以来因循守旧，西方则崇尚奋进图强，“尝谓中西事理，其最不同，而断乎不可合者，莫大于中之人好古而忽今，西之人力今以胜古；中之人以一治一乱、一盛一衰为天行人事之自然，西之人以日进无疆，既盛不可复衰，既治不可复乱，为学术政化之极则。”

为何存在这一差异？是因为中西对“自由”持有不同理念：“夫自由一言，真中国历古圣贤之所深畏，而从未尝立以为教者也……自由既异，于是群异丛然以生。粗略一二言之：则如中国最重三纲，而西人首明平等；中国亲亲，而西人尚贤；中国以孝治天下，而西人以公治天下；中国尊主，而西人隆民；中国贵一道而同风，而西人喜党居而州处；中国多忌讳，而西人众讥评。其财用也，中国重节流，而西人重开源；中国追淳朴，而西人求欢虞。其接物也，中国美谦屈，而西人务发舒；中国尚节文，而西人乐简易。其为学也，中国多夸识，而西人尊新知。其于祸灾也，中国委天数，而西人恃人力。”西方崇尚自由，中国过去崇尚专制，因而造成中国落后；未来中国应该改变固有理念。

第二种是认为中西差异是因为两者属于不同类型文明造成的。梁漱溟在《东西文化及其哲学》一书中认为文明是一种生活方式，归结起来有三种：一是遇到问题，向前面下手，改造局面，也就是奋斗的态度。二是遇到问题，随遇而安，不求奋斗，而是求自我的满足。三是遇到问题，就想取消问题和要求。梁漱溟认为，西方、中国、印度的文化分别体现了这三种生活的态度，具体说来：西方文化走第一路向，是以意欲向前要求为根本精神的。中国文化走第二路向，是以意欲调和、持中为其根本精神的。印度文化走第三路向，是以意欲反身向后为其根本精神的。

若是单论中国古代和近代文化与西方文化的差别，当然属于社会发展不同阶段的差异，“中西”之争的实质是“古今”之争。但如今我们立志走中国特色社会主义现代化道路，贯穿全面推进依法治国过程的一根红线是坚持和开拓中国特色社会主义法治道路，那我们就有必要思考我们要建设的法治社会是一种不同于西方社会的“类型法治”，还是一种阶段差异决定的后进追赶先进的“追赶型法治”。

毫无疑问，现在党和国家追求的是一种具有中国特色的“类型法治”，是可以和大陆法系、英美法系并立的一种“类型法治”，不是像一些人所想象的仅仅是一种“补课”式的法治。

世界各国各地区，只要是建立在市场经济和WTO规则基础上的法治，肯定都具有共同性。但由于各国各地区的历史和现实千差万别，其法治也肯定具有差异性。那么，中国特色社会主义法治作为一种人类众多法治文明类型中的一种，有哪些成分会构成它作为独特类型的要素呢?

第一，中华法系的成分。四大文明古国中硕果仅存者就是中国了，很难拒绝悠久深厚的中华古老文明的影响。当年鼓吹全盘西化那么尽力的胡适先生，曾创造出了不少撕心裂肺的西方式婚外恋情故事，但最终还是和经由父母之命媒妁之言而定的小脚女人江冬秀厮守终生，这形象地表明历史传统不是那样容易被割断的。试看今天的死缓制度、人民调解制度、依法治国和以德治国相结合，不都带有历史的痕迹吗?

第二，以社会主义成分为主、同时吸纳资本主义某些成分。鸦片战争一声炮响，侵略者输进了资本主义；十月革命一声炮响，前苏联人送来了马克思主义。近代以来，许多有识之士开始探索两者之间的结合、利用问题。孙中山就把自己提出的“三民主义”中的民生主义解释为社会主义，我们的改革开放更是大胆地借鉴资本主义于我有用之物，这在民商立法、司法改革等方面的表现尤为突出。

第三，社会主义建设时期的计划经济法治的成分。虽然计划经济法治已从根本上被市场经济法治所取代，但它们的某些成分（而非整体）对今天仍然有用。例如，过去五年国民经济发展计划如今被改成了规划，显然是一种借鉴。过去集中力量办大事的做法，仍然在今天的宏观调控、产业调整等领域有所运用。党的十八届四中全会通过《中共中央关于全面推进依法治国若干重大问题的决定》，强调形成法律规范和社会规范相结合、法治实施体系、法治保障体系、法治监督体系等方面的合力，显然透视出集中力量办大事的体制机制优势在发挥功效。

不过，由于我们目前还处于社会主义初级阶段，我们的一些具体法律制度和实施办法，到底是我们的“法治类型”固有、因而会长期不变，还是会随着社会主义初级阶段向中级阶段、高级阶段的发展而被更好的东西所取代，是一种阶段性现象，还有待我们徐徐观察。毕竟我们的法治国家目前还是进行时，而不是完成时。

饮水思源
尊重司法规律先要梳理司法规律

长期以来，人们对什么是司法权、司法权配置与运行究竟有何规律并不十分清楚，尤其是对中国特色的司法规律认识、归纳、梳理不够，司法改革缺乏明晰的理论指导。眼下实有探讨、归纳司法规律之必要。

理论的先进是本质的先进，观念的落后是根本的落后。旁观改革开放以来三十多年的司法改革，最深切的感受是，我们对一般司法规律，尤其是中国特色的司法规律认识、归纳、梳理不够，司法改革缺乏明晰的理论指导。

例如，关于公安机关、检察院和法院之间的关系问题，现行宪法明确规定了法院和检察院是中国的司法机关，公安机关是国家行政机关的一部分，第 126 条规定："人民法院依照法律规定独立行使审判权，不受行政机关、社会团体和个人的干涉"；第 131 条规定："人民检察院依照法律规定独立行使检察权，不受行政机关、社会团体和个人的干涉”，但是宪法又在第135条规定了：“人民法院、人民检察院和公安机关办理刑事案件，应当分工负责，互相配合，互相制约，以保证准确有效地执行法律”，要求法院、检察院和公安机关互相配合、互相制约，这不和前边所规定的法院、检察院独立行使职权、不受行政机关干涉相矛盾了吗？宪法条文之间的这种打架，表明我们对什么是司法权、司法权配置与运行究竟有何规律并不十分清楚。

封建专制下的司法活动视口供为证据之王，因此刑讯逼供在所难免。近代以来，为了保障人权，规定了不能强迫被告自证其罪、沉默权等。但我们现行刑事诉讼法第50条一方面规定“严禁刑讯逼供和以威胁、引诱、欺骗以及其他非法方法收集证据，不得强迫任何人证实自己有罪”，第118条同时又规定“侦查人员在讯问犯罪嫌疑人的时候，应当首先讯问犯罪嫌疑人是否有犯罪行为，让他陈述有罪的情节或者无罪的辩解，然后向他提出问题。犯罪嫌疑人对侦查人员的提问，应当如实回答”。不管怎样解释这一条不是口供主义、不是自证其罪，都难以消除这一条和第50条打架的嫌疑。这实质上表明我们对人权司法保障规律没有清晰认识或没有共识。

中国本来具有大陆法系的传统，审判方式大体采用法官审问或纠问制（或曰职权主义模式）。法官通过讯问当事人，根据所查明的事实作出判决。在开庭审理的过程中，法官居于主导的地位，发言需要经过法官的许可，有关证据在当事人不在场的情况下可以提出。开庭审判是以准备好的案卷材料为线索进行，法官审理案件首先考虑的是成文法典是如何规定的。英美法系国家在开庭审理时主要采用辩论制或对抗制，法官只是中立的裁判者。证据必须在当事人在场的情况下提出，否则无效。改革开放以来，若从简单易行、成本较低的角度说，我们应该立足国情，借鉴大陆法系国家如德国、法国的审判方式，但情况恰恰相反，我们一直在借鉴与我国历史传统较远、借鉴成本较高的英美法系刑事审判中的控辩制和民事审判中的当事人主义模式，这样做的前提应该是，像德国、法国等大陆法系国家的审判方式已为国际主流社会所诟病、淘汰，可现实情况并非如此。同样是西方资本主义国家的司法运作模式，我们为何非要借鉴与我国历史传统较远的英美法系呢？理由何在？对这些我们显然没有充分的比较研究和足够的说明。

这当中，我们还做过弘扬“马锡五审判方式”的努力，这与具有精英司法色彩的英美法系审判方式多少有点南辕北辙。作为实践探索，无有不可之处，但至少表明我们对司法规律尚无清晰认识。

因此，我觉得眼下实有探讨、归纳司法规律之必要。虽然我们不可能一下子就把司法规律说得清清楚楚，但至少能够说清楚一些，把我们的改革真正建立在这些能说清的规律之上，免得翻烧饼。

能说清的一些司法规律目前也是存在的。例如，刑事定罪的证明标准必须比民事过错认定的证明标准要严格，前者采取必须采取排除一切无罪的合理怀疑原则，而后者采取根据优势证据确定过错的原则。因为刑事诉讼中反映的是国家与个人的对抗，涉及的是对公民人身自由的限制与剥夺，危及的是社会的安定团结，为了防止放纵犯罪或冤枉好人，对事实的认定就应极其慎重严格，故而证明要求极高；而民事诉讼反映的则是个人或法人之间的可调和性、非对抗性矛盾，强调的是当事人意思自治，民事诉讼实行的是不告不理原则，如果证明要求也同样高标准，则将使民事法律关系长期处于不确定状态，纠纷无法得到及时解决，严重地影响社会安定。因此民事责任的严厉性远远低于刑事责任，民事证明标准没有必要与刑事证明标准同样严格。如果我们能够按照这样的认识去设计审判规则，报章不断披露的、判决前就有大量合理怀疑存在的冤假错案，是能按照疑罪从无原则得到防止的。

当前大家都说要尊重司法规律，但司法规律究竟有哪些？我们坐下来梳理了吗？

过犹不及

审判权要尊重诉权

法官对一方当事人作出胜诉判决，并非是对胜诉当事人的恩赐，而是对其权利的尊重和救济。

笔者从《法制日报》2015 年 8 月 3 日《举报人最高可得举报财产处理额 30%》一文获知，某法院今年 6 月出台了《关于实行悬赏执行措施的规定（试行）》（以下简称《规定》），这份《规定》被视为该院多举措围堵“老赖”的一种创新做法。

根据该《规定》的界定，申请执行人申请悬赏执行的，给予举报人的悬赏金比例为不低于举报财产处理额的 1%，但不超过举报财产处理额的 30%，具体比例由申请执行人确定。

对《规定》及其实践，我有如下两点看法：《规定》体现的寻求司法公权与当事人私权合作、进而实现公正司法的方向是正确的，但限定申请执行人在举报财产额的 1% 至 30% 范围内，选择悬赏幅度的做法是不妥当的，有侵犯申请执行人民事权利之嫌。

第一，司法公权力和社会个体（自然人、法人等）私权利通力进行合作，以实现司法公权力的威严和社会个体权利的救济双重目标，这一方向完全正确。

法官判决生效，就必须得到执行，否则就会损害司法权威，助长民间法律虚无主义和无政府主义的蔓延。社会个体的私权受到损害，法院必须落实救济，否则权利神圣无以体现。因此，不管是司法公权力维护司法尊严，还是社会个体实现私权，大家都希望生效的判决得到执行。但在社会主义初级阶段的今天，司法公权力和社会个体若想实现各自的目标，都有力不从心的局限性，都需要借助第三方的力量。由于生效判决的执行是对社会个体诉权（实体权利）的救济，悬赏执行涉及社会个体的诉权的实现，因此，要得到申请执行人的同意方可进行。

公权和私权的关系，经过了一个由对抗到合作的过程。18、19世纪强调对抗，20世纪以来，在强调私权制约公权的基础上，开始主张两者的合作，西方法院的ADR就是一例。在我国政治经济制度之下，公权和私权既相制约、又能合作，可能更为必要。

第二，某法院的上述规定有不够妥帖之处。被执行的财产标的，实质上是胜诉一方实体权利的内容，除了申请执行人必须缴付的法院执行费之外，其他都属于申请执行人自由处置的范围。但某法院的规定，限定申请执行人的悬赏执行比例，为举报财产处理额的1%至30%，这有侵犯申请执行人诉权（实体权利）之嫌。

审判权（包括执行权）必须以诉权（民事权利）为基础，我国

《民事诉讼法》第 13 条规定："当事人有权在法律规定的范围内处分自己的民事权利和诉讼权利。"当事人对自己的民事权利有处分权，这是防止法官权力滥用的一道屏障，是民法"意思自治"原则和民事诉讼"当事人主义原则"的要求。法官对一方当事人作出胜诉判决，并非是对胜诉当事人的恩赐，而是对其权利的尊重和救济，胜诉之后被执行的财产，是申请执行人可以自由处分的民事权利的内容，在缴付法院的执行费的前提下，申请执行人可以和举报人约定举报人的举报所得比例，而作为公权力的法院方面不具有限制申请执行人处分自己民事权利的权力。某法院关于举报人所得限于 1% 至 30% 的比例规定，越俎代庖，侵犯了申请执行人的民事权利处分权。

分散风险
陪审员制度在司法改革中的政治考量

陪审员参与司法活动可以避免、减轻社会大众与法官的对立，以及增加对司法公正的信心。人民陪审员的广泛参与，有利于增进人民对法院法官办案理解、信任，减轻社会对法院法官公正司法的压力。

与国外陪审制度相比，中国陪审员制度具参审范围广泛的特点。但司法实践表明，陪审员参审范围不应这样广泛，而应限定于基层法院的简单刑事案件。这一观点来自云南曲靖市中级人民法院关于人民陪审员职能发挥情况的调研报告（该报告载于《人民法院报》2015 年 6 月 4 日第 8 版）。该报告说，人民陪审员陪审有利于简单刑事案件的正确处理。2011 年至 2014 年，基层法院刑事案件发改率（发回重审案件数、改判案件数之和与一审结案数之比，反映案件出错率或瑕疵率）从 1.72% 逐年上升至 2.62%，刑事陪审案件发改率分别为 1.24%、1.97%、1.78%、2.60%，虽不成规律却每年均低于全部案件发改率。但人民陪审员陪审复杂案件判决质量低于整体水平，这表现在两个方面：一是基层法院民事陪审案件判决质量低于整体水平。调研发现，基层法院民事陪审案件一旦作出判决，则容易出现案件质量瑕疵。从 2011 年至 2014 年，基层法院民事陪审案件发改率每年均高于全部民事案件发改率。二是中级法院刑事陪审案件质量低于整体水平。2011 年至 2014 年，曲靖市中院刑事案件发改率全部在 6.85% 以下，刑事陪审案件发改率虽是从 8.33% 逐年下降至 6.99%，但远高于刑事案件整体发改率。三是人民陪审员职能在中级法院发挥效果欠佳。中级法院一审案件一般都较为疑难复杂、标的额较大，社会影响较大，审理风险也较大，办案法官一般都不愿选择邀请陪审员参加案件审理。

因此，该报告的撰写者提出，对案情简单、法律适用争议小的案件，人民陪审员可以充分发挥司法民主功能，利用人民陪审员的职业优势，从社会道德标准等方面对案件进行分析、判断，与法官形成思维互补，有利于查清案件事实，正确适用法律，确保裁判公正。来自基层德高望重的人民陪审员，具有熟悉社情民意、善于做思想工作等优势，能有效促成当事人相互谅解，达成协议，提高案件调撤率。但是，对法律关系复杂的案件，他们无法与专业法官相比。所以，应该规定人民陪审员陪审案件标准，应当分级界定应当适用、可以适用和不宜适用人民陪审员陪审的案件类型。如：法律关系简单、当事人的矛盾多带有主观情绪的普通相邻纠纷、离婚纠纷等案件，由人民陪审员陪审有利于矛盾纠纷的妥善解决。法律关系复杂的股权纠纷等案件，双方争议的往往是巨大经济利益，由专业法官组成的合议庭对案件进行处理更加符合法律的实质要求。

我相信，司法体制改革的决策者不会不知道曲靖法院这份调研报告所反映的情况及观点。但为什么还会作出扩大人民陪审员参审范围的决定呢？我觉得这其中必有政治因素的考虑。

我国目前国内形势特点是黄金发展期与矛盾高发期并存。法院“六难三案”（“六难”是门难进、脸难看、事难办、立案难、诉讼难、执行难，“三案”是人情案、关系案、金钱案）是矛盾高发期的反映和表现，解决“六难三案”不能仅仅视为一般的司法公正问题，而是涉及维护大局稳定的政治问题。解决“六案三难”也不能仅仅依靠法院本身的力量，而要借助人民民主的力量。陪审员制度是人民民主在司法制度中的一种体现，它不仅仅能防止法官审判权的滥用和预防法官容易脱离社会大众常识的职业病，更能降低一定的司法风险。如果没有人民陪审员的参与，法院就要独承担自社会大众对司法不公的批评和压力，而有了陪审员的参与，就使得陪审员和法官共同承担司法风险。由于陪审员直接来自人民，因此这就大大化解了社会大众与法官的对立。

陪审员参与司法活动可以避免、减轻社会大众与法官的对立，以及增加对司法公正的信心，这已被实践所证明。例如，美国著名的“辛普森案”虽然引发了美国多数民众对法官判决的不满，但由于是陪审团裁定辛普森无罪，所以没有引发社会骚乱。陪审制度是司法民主的一种形式，而民主的基本功能之一就是分散决策风险，决策如果是错的，人民自己也有责任，因为人民也参与了决策。一个民选的官员若是后来被实践证明是无能的，那人民自己要承担一定的后果，因为是你选出来的；一个案件的判决有问题，若是人民陪审员也参与了该案的审理，那就不能一味责怪法官，因为人民也直接派人参与了案件的审理。

因此，为了化解因某些司法腐败带来的法官与社会大众的对立，广泛地让陪审员参与到法院的审判活动，避免社会产生司法活动是暗箱操作的误觉，让直接来自人民的陪审员和法官共同办案，把法官审理活动中碰到的90%的难题——事实认定问题，交给陪审员处理，这无疑减轻法官的压力，增强大众对司法公正的理解和信任。

民主的一个重要功能就是责任分摊、风险共担。人民陪审员制度的广泛参与，是试图增进人民对法院法官办案理解、信任，减轻社会对法院法官司法公正压力的一个办法。这即其中的政治意义。其实，上世纪70年代末期，人民陪审员制度得到全面恢复；但是在经历短短的几年时间之后，到上世纪80年代初期，人民陪审员制度又很快走向淡化，如今人民陪审员制度又再次辉煌，都有深刻的政治背景。这一点，余森、胡夏冰《我国人民陪审员制度的复兴》一文（《人民法院报》2015年6月12日）已有所揭示。

法理与情理

法主德辅的司法实践分析

近年来，人民法院在坚持以事实为根据、以法律为准绳的原则前提下，尽力挖掘以法律固有的道德教育指引功能，用道德良善弥补法律的不足，实现了法律和道德既分工、又合作的良好互动局面。

依法治国与以德治国相结合，是党的十八届四中全会决定所规定的全面推进依法治国必须坚持的五大原则之一。但长期以来，这两者能否很好地结合，以德治国会否妨碍依法治国，不少人存有疑虑，也鲜有研究。笔者最近则对各地法院依法治国与以德治国相结合的实践做了梳理，发觉法院在坚持以事实为根据、以法律为准绳的原则前提下，尽力挖掘以法律固有的道德教育指引功能，尽力用道德良善弥补法律的不足，大体实现了法律和道德既分工、又合作的良好互动局面。这些实践足以可以消除人们的上述疑虑。

依法治国与以德治国相结合的做法举要

1. 建立“法院内附设 ADR（Alternatwe Dispnte Resoluton，替代性纠纷解决方式）”和“法院外附设 ADR”

2002 年 9 月最高人民法院颁布了《关于审理涉及人民调解协议民事案件的若干规定》，以司法解释的形式明确了人民调解协议的性质和效力，使人民调解制度在司法层面第一次获得了德治和法治相结合的新生命。

2004 年 8 月最高人民法院颁布了《关于人民法院民事调解工作若干问题的规定》，进一步把调解工作纳入到了法院主导的审判前调解工作中，笔者将此称为“法院内附设 ADR”。调解工作由原来的外部运作变成了法院内部的运作，开始了在法院平台上德治和法治相结合的实践。

2009 年 8 月最高人民法院发布了《关于建立健全诉讼与非诉讼相衔接的矛盾纠纷解决机制的若干意见》，把原来“法院内附设 ADR”进一步向法院外的社会延伸，建立了一种笔者称之为诉调对接的“法院外附设 ADR”，即：在社会的各个角落建立一个个诉调对接平台，最大限度地满足当事人的多元司法需求，发挥人民法院为非诉纠纷解决方式提供司法保障的功能，最大限度地将矛盾纠纷化解在基层和萌芽状态。

2. 要求当事人和参与人签订《诚信诉讼提示书》和《诚信诉讼保证书》

鉴于当前诚信缺失、恶意诉讼、虚假诉讼和滥用诉权行为屡有发生，许多当事人及其他诉讼参与人信访不信法，不依照法定程序行使诉讼权利。海南省高级人民法院今年 5 月在全省法院正式推行《诚信诉讼提示书》和《诚信诉讼保证书》制度。海南高院副院长张家慧接受《法制日报》记者采访时表示，此举的目的是充分发挥道德和法律的双重制约作用，通过惩戒、制裁失信和背信行为，引导和约束当事人诚信诉讼，可以降低诉讼成本，避免司法资源浪费，利于高效化解矛盾，维护当事人的合法权益。提示书和保证书是一种善意提醒，一种道德教育方式。

3. 依照公序良俗原则审理民事案件

例如，2009 年 12 月 17 日，吕某以被监护人“北雁云依”的名义向济南市历下区人民法院提起行政诉讼，状告户籍部门的行政行为侵犯了女儿的合法权益。这是我国首例姓名权行政诉讼案。历下区法院认为，如果任由公民仅凭个人意愿喜好，随意选取姓氏甚至自创姓氏，则会造成对文化传统和伦理观念的冲击，既违背社会善良风俗和一般道德要求，也不利于维护社会秩序和实现社会的良性管控。因此作出一审判决：驳回原告“北雁云依”要求，确认被告燕山派出所拒绝以“北雁云依”为姓名办理户口登记行为违法的诉讼请求。

4. 就地办案，对群众和当事人进行道德、法制教育

民事诉讼法第一百二十一条规定，人民法院审理民事案件，根据需要进行巡回审理，就地办案。基层法院为此采取了很多就地办案、方便和教育群众的方式，《人民法院报》对此也作了很多报道。

5. 判决书中适当增加情理内容

近年来，判决书中的情理表述内容显著增加。这类判决书在刚性法理之中融入道德引导，对当前诸多道德败坏现象予以批评，彰显了天理、人情和国法的结合。

6. 法官判后寄语

法官判后寄语的首创者是上海市第二中级人民法院，后来被许多法院采用。目前，法官判后寄语常常用于疑难复杂的婚姻家庭类、人身侵权类、群体性案件中。媒体舆论一般认为法官判后寄语体现了情、理、法的融合，把依法裁判与以德育人结合起来。

7. 制作司法建议书

司法建议通常是指人民法院在审判工作中，以预防纠纷和犯罪的发生为目的，针对案件中有关单位和管理部门在制度上、工作上所存在的问题，提出改进和完善管理工作的建议。司法建议书没有法律约束力，以说服、传播法律知识为主。

依法治国和以德治国相结合举措的特点

1. 以法治为主、德治为辅

中国古代是“德主刑辅”，而以上归纳的近年来人民法院把依法治国与以德治国相结合的七种做法都遵循了“法主德辅”的原则。即：在“以事实为根据，以法律为准绳”的基础上展现道德教育功能。

2. 在特定审判领域里贯彻依法治国和以德治国原则

与中国古代道德和法律浑然不分的审判方式不同，当前我国在审判活动中只是在特定领域、而非所有领域中适用说服教化为主的调解办法，防止道德泛化、以德代法。

3. 在法律精神和道德不抵触的前提下寻求二者的结合

法院在司法实践中按照公序良俗原则审理民事案件，比较注意在认定良俗方面不能与法律基本原则相抵触。这在江苏省泰州市姜堰区人民法院制定的《关于将善良风俗引入民事审判工作的指导意见（试行）》里得到了充分的体现。

依法治国和以德治国相结合举措的效果

1. 减轻了近年来案件井喷式增长的压力

从司法实践来看，以调解为核心的多元化纠纷解决机制减轻了近年来案件剧烈增长对法院的压力。例如，2014 年，四川省眉山市社会矛盾纠纷总量 71566 件，法院判决仅 3712 件。全市法院受理案件数量低于四川省平均水平。“官司”去哪儿了？通过被当地群众称为“喊得应、接得起、划得来”的诉非衔接机制，非诉组织化解了 58053 件，诉非平台分流了 9801 件。

2. 为当事人节约了诉讼费

例如，山东省莒县人民法院的 10 个人民法庭与司法所联合，制定《法庭、司法所“庭所联动”机制实施方案》，打好解纷“合作战”，共化解矛盾纠纷 4628 件，为当事人节约诉讼费 200 余万元。洛河镇司法所所长王立武深有体会：“在法庭指导帮助下，人民调解员调解纠纷轻松多了！”

3. 提高了服判息诉率

这方面的新闻报道比较多。例如，2012 年以来，河南省舞阳县由于充分运用多元化纠纷调解机制；抓好全程调解、调判结合；积极到位的判后释法答疑等措施，使案件服判息诉率总体达 96.5%，同比上升 7.6%。山东省金乡县人民法院坚持纠纷多元化解，2012 年服判息诉率达到 99.1%，比往年同期提高 4.3%。

4. 弥补法律调整范围有限的不足

例如，同父异母的成年子女，为各自亡故的母亲与父亲如何安葬问题发生纠纷，通过诉讼解决难以找到法律依据。但是，通过人民调解则快捷地化解了该纠纷。

5. 可以弥补诉讼程序法的不足

这表现在两方面：一是它可以避免诉讼程序的僵硬性导致的诉讼迟延。二是它可以避免由于诉讼当事人举证能力的差别而导致的法律裁判结果超出当事人的预期，即“有理打不赢官司”的现象出现。